S. Pomej

Sparen mit Spaß

Geld ersparen & erschleichen

Dieses Buch widme ich meiner Oma, der gar nichts anderes übrig blieb, als sehr sparsam zu sein.

Geld allein macht nicht glücklich, aber es beruhigt ungemein! - Alte Volksweisheit

Vorwort

Liebe Leserinnen und Leser, ich nenne Sie schon prophylaktisch Sparfüchsinnen und Sparfüchse. Die Preise steigen stark, das Einkommen leider nicht! Es bleibt am Ende des Geldes zuviel Monat übrig. Wie Sie diesen Vorgang umkehren können, will ich Ihnen in dem vorliegenden Buch zeigen, dann wird Sie der unverschämte Zugriff Unberechtigter auf Ihre Börse nicht mehr fuchsen. Der normale Mensch braucht verblüffend wenig und das Wenige kann er auch noch mehrmals verwenden. Wie genau, das erfahren Sie in kurzen Kapiteln.

Dieses Buch hilft Ihnen, Ihr Geld zusammenzuhalten, darin finden Sie 270 nützliche, leicht zu befolgende Tipps (deren Wirksamkeit oft unterschätzt wird), wie man sich Geld erspart und wie man sich welches erschleicht. Dazu kann man beim Lesen der anschaulichen Beispiele noch hin und wieder schmunzeln, was der Gesundheit sehr zuträglich ist, denn Lachen ist die beste Medizin. Ich spare nämlich nicht mit amüsanten Begebenheiten aus meinem reichen Erfahrungsschatz und verständlichen Vergleichen zum besseren Begreifen des Spar-Themas, was das eine oder andere schon träge gewordene Zwerchfell wieder in Schwung bringt.

Einige Spartipps mögen sich zwar sehr seltsam anhören, vor allem für jemand, der gar nicht so recht sparen will, weil er es bisher auch nicht gewohnt war, doch die Wirkung ist durchaus willkommen.

Vielleicht kommt Ihnen der eine oder andere Tipp sogar schon bekannt vor, weil Sie ihn von Ihrer Oma hörten. Aber wer hört schon auf seine Oma? Sie gab uns einst in ihrer unendlichen Weisheit viele goldene Worte und einen Sack voll Ratschlägen mit auf den beschwerlichen Weg ins Erwachsenenleben und wir wussten damit so gar nichts anzufangen oder waren einfach desinteressiert, da wir uns mit anderen wichtigen Problemen herumschlagen mussten.

Doch mittlerweile ist uns ja zum Glück das eine oder andere Licht aufgegangen und wir kamen auf die Idee, uns mit dem Wesentlichen in unserem Leben zu beschäftigen. Lassen Sie mich also Ihnen dabei etwas helfen.

Hier kommt schon Tipp Nr. 1A: Nehmen Sie gute Ratschläge von wirklich weisen Verwandten an!

Normalerweise ist guter Rat teuer, daher wird kostenloser Rat maßlos unterschätzt und leider meist missachtet. Erinnern Sie sich zurück an die Zeit, da Sie mit der durch Lebenserfahrung gewachsenen Weisheit Ihrer Altvorderen regelrecht überflutet wurden. Sollten Sie daraus wichtige Sätze erfolgreich verdrängt haben, finden Sie diese bestimmt wieder, wenn Sie aufmerksam weiterlesen...

Sparen ist gesund

Zu einem angenehmen Leben gehören auch jenseits der Pandemie **2 G: Gesundheit & Geld**! Beides können wir mit etwas Überlegung beeinflussen. Und beides steht sogar in einem oft engen Zusammenhang. Das lässt sich an einem einfachen Beispiel erklären: Wer auf Nikotin verzichtet, der kann seiner Gesundheit und jener seiner

Mitmenschen ebenso etwas Gutes tun wie seiner Geldbörse.

Tipp Nr. 2: Nicht rauchen - oder es sich mit eiserner Willenskraft abgewöhnen!

Die Ersparnis in einem 65-jährigen Leben ergibt - so unglaublich es klingt - ein Einfamilienhaus! Und viel älter werden Kettenraucher ohnehin nicht, sehen jedoch dann viel älter aus. Sie brauchen nur etwas an Ihrem Suchtverhalten und Ihrer Geldgebarung verändern, bzw. verbessern, um so Ihrer Gesundheit wieder mehr Auftrieb verleihen zu können. Bedenken Sie den alten Witz: Besser ein Eisbein auf dem Tisch als ein Raucherbein darunter.

Tipp Nr. 3: Und um nach der Rauchentwöhnung nicht zuzunehmen, lassen Sie einfach den Zucker weg!

Gewöhnen Sie sich an, Ihren Kaffee, Tee, Kakao und Ihre Limonade ungezuckert zu sich zu nehmen. Auch Süßspeisen wie Palatschinken, Kaiserschmarrn & Co. mit Zucker zu überhäufen, ist völlig unnötig, da diese Gerichte schon süß genug sind. So sparen Sie viele Kalorien zu Ihrem Geld noch dazu. Das tut auch Ihrer Gesundheit gut!

Es ist eine traurige Tatsache, dass unser Geld an Kaufkraft verliert, während unsere Konsumsucht - durch penetrante Werbung heftig angeheizt - steigt.

Tipp Nr. 4: Werbung ignorieren!

Das senkt automatisch die Anzahl der Wünsche nach diesen so wunderschön präsentierten Produkten, mit denen man ohnehin nur wenige Augenblicke Glück erzielen kann. Wie sagte schon Voltaire: *Wer seine Wünsche zähmt, ist immer reich.* Und wer seinen Denkapparat strapaziert, ist zudem noch geistreich. Das wirkt ungemein anziehend auf andere. Ich machte die Erfahrung, dass man mit einigen geistreichen Äußerungen gleich viel öfter eingeladen wird. Und das schont den eigenen Geldbeutel!

Tipp Nr. 5: Fangen Sie mit dem Geldsparen sofort an!

Verschieben Sie Ihren guten Vorsatz nicht auf nächste Woche oder gar das nächste Jahr. Beginnen Sie einfach sofort damit, Ihr Geld zusammenzuhalten.

Geld, Mammon, Zaster, Kohle

Wie ist eigentlich Ihre Beziehung zu Geld? Lassen Sie uns das gleich vorweg herausfinden. Wie würden Sie einem Außerirdischen Geld beschreiben?

Nehmen wir an, es landet plötzlich ein UFO und ein freundliches Alien kommt neugierig in friedlicher Absicht auf Sie zu und stellt Ihnen die Frage, was GELD ist. Wie würden Sie ihm also das erklären, was täglich durch so viele Hände geht? Würden Sie sagen: "Es ist nur bunt bedrucktes Papier."

Oder: "Es ist eine Bakterien- und Virenschleuder, die krank machen kann."

Oder: "Es ist entweder flach, viereckig und zerreißbar oder rund und stabil, doch es hat jedenfalls Zahlen drauf."

Oder: "Es ist ein Tauschmittel, mit dem man wichtige und auch unwichtige Sachen bekommt."

Oder: "Amalgam der Bourgeoisie."

Oder: "Ein Manipulationsgegenstand, mit dem uns die Multis gegeneinander ausspielen, welche - ungeachtet der Moral - nur unsere Moneten verdienen wollen."

Oder: "Es ist ein Wirtschaftsfaktor, der gezielt dazu eingesetzt wird, die Menschen unter der Kontrolle des Staates zu halten."

Oder: "Es ist ein Suchtmittel - wer es hat, der will immer mehr davon haben."

Oder: "Es ist der Stoff, aus dem die Träume sind."

Oder: "Die Nabelschnur, die uns miteinander verbindet und einige von uns stranguliert."

Oder: "Es ist der vielleicht größte Machtfaktor auf unserem Planeten."

Oder: "Die staatliche Erlaubnis, damit am Konsumwahnsinn teilzunehmen."

Oder: "Der Köder für eine Menschenfalle."

Oder: "Das höchste Gut des Kapitalisten."

Oder: "Die Wurzel alles Übels."

Oder: "Ein probates Weltregierungsinstrument."

Oder: "Der Schlüssel zum Glück."

Oder: "Ein Befreiungsbehelf aus dem täglichen Hamsterrad."

Oder: "Der geringe Lohn für meine harte Arbeit."

Oder: "Der Wertmesser meiner Person."

Oder: "Die Illusion, sich ein schöneres Leben erkaufen zu können."

Oder: "Eine Möglichkeit, um die Zeit seiner Mitmenschen in Anspruch zu nehmen."

Oder: "Onkel Dagoberts Badewasser."

Oder: "Geld ist Staatseigentum, das uns die Regierung zum Erwerb mit folgendem Ausgabewunsch zur Verfügung stellt."

Oder: "Ein Teufelszeug, um die Menschheit in steter Abhängigkeit zu halten."

Oder: "Ein Götze, dem wir alle hörig sind."

Oder: "Ein simples Zahlungsmittel, das die Kaurimuschel abgelöst hat."

Oder: "Der Joker im ungerechten Spiel des Lebens."

Oder: "Die gute Fee, die alle Wünsche erfüllen kann."

Oder:

Tragen Sie Ihr eigenes Credo oben in die leere Zeile ein, damit Sie sich darüber klar werden, was Geld für Sie bedeutet. Dann können Sie auf einen Blick sehen, warum Sie bisher immer so viel davon ausgegeben haben.

Ich bin sicher, Ihnen fallen nach längerem Nachdenken noch eine Menge anderer Begriffe für den schnöden Mammon ein. Aber sehen Sie es am besten als das, was es sein sollte: Ein Mittel, um Ihren täglichen Bedarf zu befriedigen. Nicht mehr und nicht weniger. Schreiben Sie dem Geld keine magischen Fähigkeiten in Ihrem Unterbewusstsein zu. Eine Zeitlang dachte ich wirklich, dass Geld - entgegen des Sprichwortes - glücklich macht. Dann las ich den Ausspruch eines Autors namens Josef Kirschner, der erzählte, seine Mutter sagte ihm immer: "Geld macht glücklich, wenn man rechtzeitig drauf schaut, dass man's hat, wenn man's braucht!"

Das ist volkstümlich ausgedrückt genau das, was Geld für Sie sein sollte: Ein Mittel, mit dem Sie sich in Zeiten der Not und des Überflusses das kaufen können, was Sie zum täglichen Leben brauchen.

Eine einfache Rechnung ergibt Ernüchterndes

Reden wir zuerst einmal über das liebe Geld im ganz normalen Alltag. Ich setze erstens voraus, dass Sie keine Kinder haben, und wenn, dann käme ja Vater Staat mit einer Beihilfe für künftige Steuerzahler auf, und zweitens, dass Sie noch ein großteils gesunder Mensch sind, der (noch) keine teuren Behandlungen benötigt. Nehmen wir daher der Einfachheit halber an, Sie verdienen monatlich 1.000 Euro netto. (Für alle geringfügig Verdienenden ist das zwar reines Wunschdenken, aber rechnerisch einfacher.) Davon zwacken Sie 500 Euro für die Miete (warm, also mit Strom, etc.) ab - das ist durchaus realistisch, dass man die Hälfte seines Einkommens für Wohnung samt Betriebskosten aufwenden muss. Nehmen wir weiter an, Sie müssen 100 Euro für einen Kredit zurückzahlen oder auch für Handy-Schulden. Dann verbleiben Ihnen also ganze 400 Euro zur freien Verfügung. Nun dividieren wir die 400 Euro durch 30 Tage, was 13,33 periodisch ergibt. Ihnen stehen also 13 ganze Euro pro Tag zur freien Verfügung. Wenn Sie am Ende des Monats kein Geld mehr übrig haben, dann verlor es sich für Lebensmittel und flüchtige Vergnügungen, als da sind: Verbrauchsgegenstände wie Kosmetika, Tickets für Kulturveranstaltungen wie Kino- und Theaterbesuche und dergleichen mehr nicht Lebensnotwendiges. (Möbel und Kleidung kauft man sich nicht jeden Monat - dafür gibt es auch in dem Buch eigene Kapitel -, desgleichen Geschenke, und ein Auto kann sich jemand, der nur einen Tausender netto verdient, eh nicht leisten. Aber ich komme in dem Kapitel *Transport leicht gemacht* darauf zurück.)

Tipp Nr. 6: Versuchen Sie, an manchen Tagen gar nichts auszugeben.

Manchmal ist man zu Spontankäufen verleitet, die man am nächsten Tag bereut. Ein Eis im Sommer, ein Stanitzel Maroni im Winter. Ja, das macht zwar Freude, doch Sie wollen doch sparen, nicht wahr! Also verkneifen Sie sich an einem Tag Ihre Begierde auf ein kurzes Vergnügen durch Sättigung.

Tipp Nr. 7: Lassen Sie Ihre Geldbörse daheim!

Dann kommen Sie erst gar nicht in Versuchung, irgendetwas von Ihrem Geld auszugeben. Sie werden dann bei zufälligen Treffen, wo man verleitet ist, ins nächste Café einzukehren, öfters eingeladen. Voraussetzung dafür ist natürlich, dass Sie ein unterhaltsamer Mensch sind. Doch davon gehe ich bei Ihnen aus. Außerdem wollen viele Gesprächspartner nur einen geduldigen Zuhörer vor sich sitzen haben. Also hören Sie sich den Sermon Ihres Gegenübers stoisch an und, wenn er mal nach Luft schnappen sollte, sagen Sie verständnisvoll: "Ja, das kann ich sehr gut verstehen." Bloß keine Kritik üben, sonst ist es Essig mit der nächsten Einladung!

Wieviel von den 400 Euro glauben Sie, sich monatlich ersparen zu können? Am Ende des Buches komme ich darauf nochmals zurück, obwohl Sie dann schon wissen, wieviel es in Ihrem Fall sein kann.

Zuerst aber will ich Ihnen zeigen, wie Sie zu Geld kommen, wo Sie es überhaupt nicht vermutet hätten, beziehungsweise, wo man es für verpönt hält.

Erbschleichen ist schlau

Zuallererst ein Kapitel über das oft so unrechtmäßig verfemte Erbschleichen. (Selten ist ein Wort derart zu Unrecht negativ besetzt worden, denn Erbschleichen ist nicht nur schlau, sondern auch wohltätig. Wer sich um das Erbe bemüht, der bemüht sich schließlich auch um die oft verbitterten und vereinsamten Erblasser.) Damit und mit den lieben älteren Menschen wollen wir uns sofort beschäftigen, da sie eventuell nicht mehr lange unter den Lebenden weilen. Sie, liebe Sparfüchsin und lieber Sparfuchs, haben dabei die Möglichkeit, zu Geld zu kommen und gleichzeitig noch etwas Gutes für sehr vernachlässigte oder verbitterte Verwandte zu tun. Ich kenne das, denn ich hatte einige Verwandte, die gleich alle beiden Weltkriege durchleiden mussten, was naturgemäß ihr Menschheitsbild ins Negative verkehrte und sie zu echten Miesmachern ausbildete.

Jeder kennt Verwandte und ihre manchmal etwas oberlehrerhafte Art. Daher ist es nicht verwunderlich, dass man sie nicht mehr besucht, wenn man nicht mehr dazu gezwungen wird. Das führt nicht nur zur Vereinsamung der vernachlässigten Verwandten, sondern auch zu oft sehr unangenehmen Handlungen. Eine einsame und sehr verärgerte alte Dame in Österreich zerriss nämlich ihre Barschaft und spülte sie die Toilette hinunter. Diese Meldung schaffte es sogar in die New York Times: Austrian Woman destroys Million Dollar Fortune rather than pay out the heirs.

Tipp Nr. 8 wäre daher: Verwandte mit Ersparnissen öfters besuchen!

Ein Freund von mir hat vor einigen Jahren von einer entfernten Großtante ein Legat von 3.000 Euro geerbt, weil er sie regelmäßig besucht hat.

Nehmen wir an, Sie haben eine Tante namens Linschi (wahlweise auch einen Onkel Pepschi), welche Ersparnisse besitzt. Manche Tanten und auch Onkel sind ja so clever, nichts von ihren mühsam ersparten Rücklagen der Verwandtschaft preiszugeben. Schon öfters wurde in der Nachlassenschaft scheinbar bettelarmer alter Damen und Herren ein Vermögen in der vollgestopften Matratze gefunden. Und nichts gegen den Tierschutzverein, aber wollen Sie wirklich riskieren, dass IHR Erbe Hund, Katz' & Nagetier erfreut? Dass Ihre Onkel & Tanten also für die Katz' gespart haben?

Was liegt also näher, als sich mit ein paar im Park gepflückten Blumen - Kostenpunkt null - zu so einer Urstrumpftante namens Linschi zu begeben und ihr ein wenig Honig ums Mäulchen zu schmieren? Ungefähr so:

"Je älter ich werde, umso mehr verstehe ich dich, Linschi-Tante! Du hast immer recht gehabt, das merke ich spät aber doch leider erst jetzt!"

Oder:

"Du wirst dich wundern, warum ich so lange nicht zu dir gekommen bin, aber der Lebenskampf wird immer härter. Man muss viel länger als früher für viel weniger Geld arbeiten. Aber von dir habe ich ja den Fleiß geerbt, Linschi-Tante!"

Oder:

"Linschi-Tante, entschuldige, dass ich so lange nicht gekommen bin, aber ich fürchtete, du würdest denken, ich will etwas von dir."

Oder:

"Du, Linschi-Tante, ich hatte schon öfters vor, dir anzubieten, deine Einkäufe zu erledigen, aber ich fürchtete, du denkst, ich will dir damit deine Hilflosigkeit demonstrieren. Und außerdem bist du ja noch sehr rüstig. Aber wenn du jemand brauchst, ich bin immer für dich da!"

Oder:

"Linschi-Tante, verzeih, dass ich dich so lang nicht besucht habe, aber die andern Verwandten haben dich immer wieder als Eremitin verleumdet und ich bin drauf reingefallen."

Oder:

"Linschi-Tante, du wirst fragen, warum ich nicht schon früher kam, aber ich wollte ja nicht in Verdacht kommen, ich habe es nur auf deinen Sparstrumpf abgesehen."

Oder:

"Endlich habe ich mal wieder Zeit, meine Lieblingstante zu besuchen. Wie geht es dir, Linschi-Tante? Du siehst immer noch ziemlich rüstig aus."

Oder:

"Linschi-Tante, wie machst du das nur, dass du noch immer so gesund und munter bist? Verrätst du mir dein Geheimnis? Bei mir ist es sicher. Ich will später auch mal so werden wie du!"

Oder:

"Du, Linschi-Tante, willst du mir nicht deine Lebensgeschichte diktieren? Dann mache ich eine Familienchronik daraus, die vielleicht zum Bestseller wird."

Oder:

"Linschi-Tante, erinnerst du dich noch an (hier müssen Sie ein Ereignis erzählen, das Sie mir ihr erlebt haben). Gestern hab ich so lebhaft davon geträumt, dass ich einfach zu dir kommen musste."

Oder:

"Ach, Linschi-Tante, ich wünschte, ich wäre bei DIR aufgewachsen, dann hätte ich ein aufgeräumteres Leben. Bei mir geht es manchmal drunter und drüber. Aber jetzt bin ich auf dem richtigen Weg."

Oder:

"Danke, dass du mich überhaupt empfängst, Linschi-Tante, nachdem ich dich so sträflich vernachlässigt hab. Weißt du was? Holen wir die versäumte Zeit zu zweit einfach nach. Wenn du möchtest, komm ich dich ab jetzt öfters besuchen."

Oder:

"Linschi-Tante, ich brauche deinen Rat. Du bist ja die Klügste in unserer Familie, darum mögen dich die andern auch nicht so, weil sie sich nicht gern belehren lassen. Obwohl die alle das dringend nötig hätten!"

(So können Sie bei der Tante im Ansehen steigen, während Sie gleichzeitig die andern Verwandten dumm dastehen lassen. Ich will Sie natürlich nicht zum Intrigieren auffordern, aber Sie sollten wie Politiker zum Mittel der Diplomatie greifen: mit viel Schmus reden.)

Man sollte sich auch vorher gründlich überlegen, was so ein vereinsamter Verwandter überhaupt hören möchte. Vor allem die Bestätigung der früher gegebenen Ratschläge, die natürlich vollkommen richtig waren. Oder eine kleine Entschuldigung für ein früheres Fehlverhalten. Was will die Linschi-Tante noch hören? Meist, dass ihre Cassandra-Unkenrufe einst richtig waren! Geben Sie Ihre Fehler also ruhig zu, es fällt Ihnen dabei sicher keine Perle aus der imaginären Krone und Sie bereiten der Linschi-Tante eine große Freude mit Ihrer späten Einsicht.

"Linschi-Tante, erinnerst du dich noch, wie du mich gewarnt hast? Du hattest völlig recht! Aber leider war ich zu verblendet [abgelenkt/ unreif / dumm / ignorant / unter dem Einfluss schlechter Ratgeber/ im Irrglauben / unter der Fuchtel vom Jakob-Onkel (wahlweise ein anderer Sündenbock, welcher in der näheren Verwandtschaft sicher zu finden sein wird. Nahe sowie ferne Verwandte sind ja leider meist impertinent, mischen sich ungefragt überall ein, im günstigsten Fall sind sie desinteressiert!) / unter dem Einfluss falscher Freunde / auf der Suche nach mir selbst!]."

Und bringen Sie immer Ihr sonniges Gemüt ins Spiel, nach dem Motto: Nichts ist ansteckender als gute Laune! Mieselsüchtig ist der Erblasser meist selbst, er braucht also einen Widerpart, welcher ihm die noch schönen Seiten des Lebens vor Augen führt, so lange diese überhaupt noch offen sind!

Tipp Nr. 9: Schreiben Sie ihr zu jedem Anlass eine Glückwunschkarte!

Egal ob Weihnachten, Ostern, Pfingsten, Geburtstag, Namenstag, Valentinstag oder ein Familien-Jubiläum, schreiben Sie eine Glückwunschkarte an die Linschi-Tante, das geringe Porto wird sich lohnen.

Auch wem Besuche bei der Erbtante aus irgendeinem Grund entweder zu beschwerlich oder zu lästig sind, der sollte der lieben Erblasserin - meistens sind es Damen, die ihre Gatten überlebt haben - wenigstens eine Karte schreiben. Gratis Ansichtskarten erhält man oft in Hotels.

Tipp Nr. 10 wäre daher: Gehen Sie in ein Hotel und verlangen Sie Prospekte & Ansichtskarten für 'Ihre Freunde im Ausland, die beabsichtigen, das Hotel mit ihrem Besuch zu beehren' - es muss ja nicht stimmen.

In Hotels oder auch anderswo (Tourismusbüros von Ländern wie Frankreich oder England) können Sie gratis Ansichtskarten mitnehmen, die sich später nützlich erweisen können! Nur die Kosten für eine Briefmarke müssten Sie noch opfern. Der Text könnte lauten:

Bin gerade bei einer Besprechung im X-Hotel und hab an Dich gedacht, liebe Linschi-Tante!

Oder: *Verzeih, dass ich nicht persönlich komme, dafür sende ich Dir herzliche Grüße und die besten Wünsche, liebe Linschi-Tante!*

Oder: *Da mir mein Besuch nicht möglich war, sende ich Dir diese Karte mit lieben Grüßen und erzähle Dir später meine Erlebnisse!*

Oder: *Bin gerade anderswo, ich hoffe, diese Karte macht Dich froh!*

Sie können mir glauben, die bedachten Damen freuen sich kaputt! Sollten Sie ihr zum Geburtstag gratulieren wollen, NIEMALS das Alter anführen. Keine Dame hört oder liest gerne, dass sie schon über 70, 80 oder 90 ist.

Schreiben Sie einfach: *Zu Deinem Ehrentag wünsche ich Dir viel Glück & Gesundheit & noch ein langes Leben!*

Die persönlichen Fürworte DU, DIR, DICH, DEINE, usw. immer mit großem Anfangsbuchstaben schreiben, denn die Damen (und auch Herren) fühlen sich damit gleich viel mehr geehrt und es kostet Sie nichts.

Zusammenfassend kann man sagen, die manchmal etwas anstrengende Tätigkeit des Erbschleichens nützt sowohl dem aktiv Beteiligten als auch dem passiv Begünstigtem. Die einzigen Meckerer, die sich darüber aufregen, sind die engen Verwandten und all die enterbten teilnahmslosen Pflichtteilsempfänger, welche dem Erblasser viel zu wenig Zuwendung & Aufmerksamkeit schenkten und darum leer ausgingen. Auch, wenn sie der Erblasser im Streit aus dem Haus gejagt haben sollte, wäre es doch deren Pflicht gewesen, den Streit aus der Welt zu schaffen und dem Erblasser noch eine schöne Restlebenszeit zu bereiten. Alte Menschen leiden aufgrund ihrer Gebrechlichkeit oft an einer Alterspsychose und empfinden daher die Umwelt als feindlich. Da hilft nur gutes Zureden, wie bei einem kranken Ross.

Unter den subtilen Begriff des Erbschleichens fallen jedenfalls nicht plakative Drohungen und erpresserische Ultimati, wie z. B.: "Wenn du mich nicht in dein Testament schreibst, dann geb' ich dir deine Medikamente nicht, ätsch!" - Das hat absolut nichts mit erschleichen, sondern mit erzwingen zu tun und fiele eindeutig in den Bereich der Kriminalität.

Was tun, wenn kein Verwandter Geld hat?

Nun werden Sie sich vielleicht fragen, was Sie tun sollen, wenn Sie gar keine Verwandten mit Geld haben oder überhaupt keine Verwandten mehr haben oder - als Waisenkind - niemals Verwandte hatten. Dann müssen Sie selbst aktiv werden und sich Wahlverwandte suchen.

Tipp Nr. 11: Gehen Sie in ein Altersheim und lesen Sie alten Menschen dort aus einem Buch vor.

Im Anhang finden Sie aus einer Auswahl meiner Bücher bestimmt das richtige: Krimis, Kurzgeschichten oder Science Fiction. Sie können natürlich auch auf Ihre daheim schon vorhandene Bibliothek zurückgreifen.

Das ist wirklich eine einfache Übung, zu der Sie sich zu jeder Zeit aufraffen können: Mit einem Buch in ein Pensionistenheim in Ihrer Nähe pilgern, sich dort mit dem Personal besprechen, dass Sie etwas Gutes tun wollen und Ihre Dienste als Vorleser(in) anbieten. Nach und nach erzählen Ihnen Ihre dankbaren Zuhörer dann von ihrem Schicksal, das es nicht immer gut mit ihnen meinte. Wenn sich das für Sie nun schlimm anhört - ich meine nicht die Schilderung der

Lebensgeschichte eines Rentners, sondern meinen Vorschlag - dann bedenken Sie, dass es für Sie jedenfalls nützlicher ist, im Pensionistenheim zu sein, als bei falschen Freunden und abweisenden Partnern (wenn ich nur die männliche Form nenne, ist die weibliche mitgemeint) unter dem Teppich herumzukriechen.

Tipp Nr. 12: Seien Sie ein aufmerksamer Zuhörer!

Nur so erfahren Sie, ob der alte Mensch Zuwendung braucht, weil er sie von seinen eigenen Verwandten nicht mehr bekommt. Wenn Sie dann auf Nachfrage auch aus Ihrem Leben erzählen, dann teilen Sie dem alten Herrn oder der alten Dame mit, dass Sie schon oft wegen Ihrer Gutmütigkeit ausgenutzt worden sind, ohne auch nur ein Dankeschön zu hören bekommen zu haben. Das macht gehörig Eindruck. So kommen Sie ganz leicht in das Testament einer Ihnen ursprünglich fremden Person, ohne diese auf irgendeine Weise dazu drängen zu müssen. Als ich meine Oma anno 2000 drei- bis viermal die Woche im Geriatriezentrum Wienerwald besuchte, lernte ich dort zahlreiche Damen kennen, die mir ihr Leid mit deren desinteressierten Verwandten klagten. Es bekam keine andere Dame außer meiner Oma Besuch und Herren gab es zu der Zeit gar keine im Haus. Eine der freundlichen Damen bot mir sogar ihren Goldschmuck an, damit ich sie auch besuche, sobald meine Oma versterben sollte. Leider hatte ich damals viel Stress und konnte das generöse Angebot der Dame nicht annehmen. Übrigens bekam ich bei meinen Besuchen immer ein Glas Wein oder Kaffee und Kuchen.

Tipp Nr. 13: Lernen Sie Karten spielen!

Wenn Herren in Pensionistenheimen anwesend sind, können Sie mit ihnen Karten spielen. Eine Freundin meiner Oma tat das, aber ganz ohne Kenntnis des Vermögens ihres Spielpartners, oder dessen familiärer Situation. Erst während des Spiels fand sie heraus, wie sehr der alte Herr darunter litt, dass ihn sein Neffe nie besucht. Weil sie regelmäßig mit ihm tarockierte, erbte sie den Inhalt seines Banksafes, zu welchem der Neffe schon den Schlüssel, aber noch nicht das Zugangsrecht besaß. Nachdem sie das Erbe angetreten hatte, behauptete der freche und verärgerte Neffe, er hätte den Schlüssel verloren. So musste sie einen Schlosser bemühen, doch der Inhalt des Safes überstieg dessen Kosten um ein Vielfaches: Juwelen der verstorbenen Gattin, Bargeld, Silbermünzen und ein kleiner Goldbarren warteten darin auf die rechtmäßige Erbin.

Tipp Nr. 14: Ersparen Sie sich einen
Besuch in der Konditorei und naschen Sie im
Altersheim vor oder nach Ihrer Lesung mit!

Die Zivildiener in solchen Heimen sind sehr
freundlich - jedenfalls bei uns in Österreich -
und servieren Ihnen für Ihre Vorlese-
Bereitschaft gern eine Tasse Kaffee und einen
Kuchen - meist Obstkuchen, da dieser für die
alten Herrschaften gesund und bekömmlich
ist. Sie brauchen sich weder zu schämen,
noch sich gar wie ein Parasit vorzukommen,
denn Sie haben ja etwas anzubieten, was jene
Personen, die mit den alten Leutchen dort
verwandt sind, nicht machen wollen oder
können - meistens nicht wollen. Es fühlt sich
für viele dieser Verwandten nämlich sehr
deprimierend an, die Mutter oder Großmutter,
die sie in einst robuster Konstitution kannten,
nun hilflos und gebrechlich zu sehen. Die
traurige Erkenntnis, vergessen worden zu
sein, führt bei den alten Herrschaften dazu,
schneller geistigen Rückzug anzutreten. Dem
Missstand können Sie mit Ihrer Gutmütigkeit
Einhalt gebieten. Dafür etwas zu erwarten, ist
wirklich nicht mit dem negativen Begriff des
Erbschleichens vereinbar. Es wäre eine große
Beleidigung, wenn Sie das Angebot, im
Testament eines generösen Menschen
vorzukommen, einfach ablehnen.

Tipp Nr. 15: Besuchen Sie Lesungen, Ausstellungen und Museen!

Ältere Personen, die sich daheim allein fühlen, nehmen manchmal am gesellschaftlichen Leben teil, vor allem, wenn es irgendwo ein Gratis-Buffet (Essen ist der Sex des Alters) gibt. Die Leutchen beehren dann Lesungen (solches Publikum hatte ich bei meiner allerersten Lesung in der öffentlichen Bücherei), wo sie dann einschlafen oder husten. Oder sie gucken sich in Galerien Ausstellungen an oder flanieren durch Museen. Am Nationalfeiertag sind in Österreich (26.10.) übrigens die Museumsbesuche sogar gratis. Aber Sie sollten auch andere Tage zwecks der Anbahnung von Freundschaften nutzen.

Tipp Nr. 16: Besuchen Sie einen Kurs einer VHS!

Wo Sie ebenfalls ältere, einsame Leute kennenlernen können, sind Volkshochschulen. Ich nahm einmal an einem Volkshochschulkurs für kreatives Schreiben teil, den noch dazu die Arbeiterkammer gesponsert hatte. Und siehe da: die Hälfte aller Teilnehmer befand sich bereits im Pensionsalter und wollte dort lernen, die gewonnenen Lebenserfahrungen für die Nachwelt zu dokumentieren. Damals zeigte ich leider zu wenig Interesse, weil ich sehr mit dem Schreiben meiner Bücher beschäftigt war, sonst hätte ich heute vermutlich schon ausgesorgt.

Tipp Nr. 17: Zeigen Sie Interesse für die Erfahrungen weiser alter Menschen!

Wenn Sie es schon nicht in das Testament eines alten, weisen Menschen schaffen - aus welchen Gründen auch immer -, so können Sie immer noch von dessen vielen Lebensweisheiten profitieren. Sie müssen diese nur noch richtig umsetzen. Mir verriet einmal ein alter Herr, dass er sein Vermögen mit dem Kauf der richtigen Aktien gemacht hat. Er fragte während der Maniküre die Friseurin nämlich, welche Aktien ein bekannter Direktor, den er zuvor aus dem Salon kommen sah, gekauft hat. Dieser Direktor hatte der Friseurin tatsächlich Börsentipps gegeben, welche sie jedoch nie umsetzte, der clevere alte Herr aber schon. Also stellen Sie Ihre Lauscher auf, wenn jemand Kompetenter Tipps verkündet! Wenn Sie jetzt sagen, dass Sie leider nicht über das nötige Startkapital verfügen, dann rate ich Ihnen dazu, sich in der Freizeit ein Zubrot zu verdienen. Wählen Sie doch ein Hobby, das Ihnen Geld bringt - ich kannte eine Dame, die gern Zither spielte und sogar mit einigen Gleichgesinnten Konzerte mit einem Dirigenten gab.

Tipp Nr. 18: Bieten Sie Ihre Dienste als Hundesitter an!

Eine einfache Botschaft auf einen Zettel schreiben und auf das Schwarze Brett Ihres Supermarktes kleben: *Hallo, mein Name ist XXX und ich würde liebend gern für Sie Ihren Hund Gassi führen. Anruf genügt, hole ihn ab und bringe ihn auch sicher wieder zurück zu Ihnen! Telefon ………*

Auf so eine herzliche Annonce kommt sicher ein positives Echo. So können Sie ebenfalls Kontakt mit möglichen Erblassern aufnehmen, die viel zu erzählen haben. Sie bereiten damit nicht nur einem alten, vereinsamten Menschen eine Freude, sondern auch sich selbst, frei nach dem Motto: Die Freude, die du gibst, kehrt ins eigne Herz zurück! Außerdem ist es wirklich ein Vergnügen, ein Tier auszuführen. Noch dazu eines, das Sie nichts kostet, ja sogar Ihnen noch Geld einbringt für Ihre Einsatzfreude und Liebenswürdigkeit.

Das funktioniert natürlich nur, wenn Sie tatsächlich ein Tierfreund sind und helfen wollen (der Lohn dafür ist nur ein Nebenprodukt), andernfalls merkt der Hundeliebhaber die Täuschung. Tierfreunde sind so sensibel wie ihre Tiere.

Tipp Nr. 19: Sprechen Sie einfach ältere Hundebesitzer an!

Egal ob auf der Straße, im Park oder direkt in der Hundezone können Sie Ihr Glück versuchen und erfragen, ob hin und wieder ein Hundesitter gebraucht wird.

Tipp Nr. 20: Loben Sie das schöne Fell des Hundes und fragen Sie nach dessen Pflege.

Das macht Eindruck auf dessen Frauchen oder Herrchen und öffnet Ihnen die Tür zu ihrem Herzen. Es zeigt auch Ihr Interesse und Ihre Tierliebe. Erzählen Sie bei der Gelegenheit von Ihrem Haustier, das leider verstorben ist (dabei setzen Sie eine Trauermiene auf - also Blick & Mundwinkel sinken lassen). Der Weg in das Vertrauen der Tierbesitzer führt über den tierischen Liebling. Sie können auch erwähnen, dass Sie wegen der hohen Tierarztkosten noch nicht erwägen, Ihren Bello durch ein anderes Tier zu ersetzen, Sie wären jedoch sofort bereit einzuspringen, wenn der Hundehalter auf Urlaub fährt, den schönen Hund inzwischen zu versorgen.

Es kann durchaus auch sein, dass der Hundebesitzer seine geliebte Fellnase zum Erben eingesetzt hat und Sie dazu noch zu dessen Vermögensverwalter und/oder Betreuer einsetzt. In den USA lebte ein Deutscher Schäferhund in der Villa seines Herrchens und wurde nach dessen Ableben im Testament bedacht. Darin wurde verfügt, dass sich gleich fünf Hundesitter um den armen verwaisten Schäfer kümmern sollen, die ständig in der Villa mit ihm leben und im Pool planschen durften.

Tipp Nr. 21: Nehmen Sie ein Ehrenamt an!

Eine Freundin von mir engagierte sich ehrenamtlich beim Roten Kreuz für die Begleitung alter Damen. Sie war ihnen bei Amts- und Arztwegen behilflich und erbte - ganz ohne sich irgendwie einzuschleimen - den gesamten Hausrat eines Schwesternpaares. Darunter befand sich auch ein Gemälde eines heimischen Künstlers, das sage und schreibe 25.000 Euro bei einer Auktion erzielte.

Tipp Nr. 22: Besuchen Sie Clubs!

Diverse Clubs verlangen zwar eine Beitritts- oder Jahresgebühr, doch empfangen immer gerne Gäste. Ich besuchte zwei Jahre lang einen Denksport-Club, der in einem heimeligen Lokal im Extrazimmer tagte. Ein Getränk pro Abend war für mich leicht leistbar und ich lernte dabei den genialen Bestseller-Autor Viktor Farkas und seine liebenswerte Lebensgefährtin Brigitte kennen, mit denen mich eine langjährige Freundschaft noch über den Club - in welchem es dann leider zu Unstimmigkeiten kam - hinaus verband. Als der gute Viktor 2011 viel zu früh verstarb, teilte mir die liebe Brigitte mit, dass er in seinem Testament sowohl die Vier Pfoten und noch andere Hilfsorganisationen als auch mich mit einem Legat bedacht hat. Das hätte ich gar nicht erwartet und besuche noch heute öfters sein Grab am Zentralfriedhof. Mein Buch ZIVILFLUG ZUM ZEITRISS widmete ich dem generösen Schriftsteller, dessen Bücher, wie z. B. Rätselhafte Phänomene, Geheime Bünde & Verschwörungen, sowie Rätselhafte Wirklichkeiten ich an dieser Stelle auch zum Vorlesen im Pensionistenheim empfehle. Darin stehen eloquent formulierte und akribisch recherchierte Fakten, die Ihnen die Aufmerksamkeit der Zuhörer sichern, ohne diese einschlafen zu lassen.

Tipp Nr. 23: Kleiden Sie sich adrett und sauber!

Es versteht sich von selbst, dass Sie bei der Anbahnung einer Freundschaft mit dem möglichen Erblasser adrette und saubere Kleidung tragen und sich auch hübsch zurechtmachen. (Also keine T-Shirts mit dem Aufdruck *Jeffrey Dahmer-Fanclub*, keine Totenkopfringe, keine Punk-Frisur, keine Knast-Tränen-Tattoos, keine Piercings, kein schrilles Make Up, kein Patronengürtel um die Hüften und dergleichen mehr) Wie das sprichwörtliche nette Mädchen oder der sympathische Bursche von nebenan auszusehen, hilft auch bei der Bewältigung des normalen Alltags enorm. Ältere Personen fliegen eben mehr auf den üblichen Schwiegermuttertraum. Auf eine Person, von der man sich die Einheirat in die engste Familie wünscht. Und vergessen Sie nicht: Für den ersten Eindruck gibt es keine zweite Chance!

Tipp Nr. 24: Geben Sie in der Bezirkszeitung eine gratis Annonce auf!

Wenn Sie zu schüchtern sind, um fremde Personen anzusprechen, brauchen Sie sich nicht zu überwinden, denn es gibt ja noch die altmodische Annonce, die Sie in den Bezirkszeitungen meist gratis aufgeben können. Unter der Rubrik 'Freundeskreis' texten Sie einfach:

Welche alleinstehende Dame braucht Gesellschaft? Biete anregende Gespräche und ein offenes Ohr, Telefon....

Apropos Annonce, da fällt mir eine Story ein, die sich vor Jahrzehnten in den USA zutrug. Da inserierte jemand:

DAS REZEPT ZUM REICHWERDEN - Für 10 $ und ein frankiertes Rückkuvert sende ich es Ihnen zu. Postbox XY

Es wollten natürlich Tausende Leser wissen, was sie für den Reichtum tun müssen und sandten die Dollars ein.

Was glauben Sie, stand auf einem Zettel, den die Gutgläubigen retour bekamen? Sie haben es sicher schon erraten: *Machen Sie es auch so wie ich und geben eine Annonce auf!*

Und dabei handelte es sich nicht einmal um Betrug, denn es stimmte ja: dadurch kann man reich werden.

Hochstapeln verboten!

Liebe Sparfüchsin und lieber Sparfuchs, Hochstapeln ist sehr schlecht, wenn man zu Geld kommen will, denn man erweckt dadurch oft den Eindruck, man hätte bereits genügend davon!

Tipp Nr. 25: Übertreiben Sie beim Reden über Geld niemals!

Manche Menschen haben den Drang, gegenüber ihren Mitbürgern mit allen möglichen angeblichen Stärken und Dingen und ihrem Einkommen zu prahlen. Eine Freundin von mir erwähnte bei jeder sich bietenden Gelegenheit, wie gut sie doch verdiene. Was - nebenbei bemerkt - überhaupt nicht stimmte. Und eines Tages forderte ihr Lebensgefährte von ihr: "Kauf mir einen Mercedes." - Sie können sich vorstellen, was die gute Frau daraufhin für ein blödes Gesicht gemacht hat.

Und Sie, liebe Sparfüchsin, lieber Sparfuchs, dürfen sich auch nicht wundern, dass Sie ähnlich behandelt werden, wenn Sie bei jedem Gespräch ausposaunen, wieviel Sie verdienen oder wieviel Sie an Gütern besitzen. Ein guter Freund von mir ging bei einer Erbschaft leer aus, weil der Erblasser - sein Onkel zweiten Grades - aufgrund dessen Übertreibungen bezüglich seines Einkommens meinte, er benötige seine Hinterlassenschaft nicht und teilte den für ihn bestimmten Anteil unter den anderen Erben auf! Seither redet der Gute nicht mehr über die Höhe seines Gehalts.

Tipp Nr. 26: Jammern Sie nicht!

Was Sie allerdings nicht tun dürfen, ist zu jammern! Das hört sich leider keiner gern an, sogar, wenn man allen Grund zum Jammern hätte. Außerdem soll die Linschi-Tante doch nicht von Ihnen denken, Sie wären ein Jammerlappen, der nicht fähig ist, sich durch das harte Leben zu kämpfen. Oder dass Sie - noch schlimmer - etwa nicht mit Geld umgehen können. Die Linschi-Tante muss denken, dass Sie ihr ebenbürtig sind und daher ihr Geld bei Ihnen sehr gut aufgehoben ist.

Wenn Sie nur einige meiner Tipps beherzigen, werden Sie den Weg in die Herzen und Testamente alter Menschen finden, wie eine Biene den Weg in ihren Stock.

Haushalts-Tipps to go

Wussten Sie, dass man sich bis zu 100 Euro im Jahr ersparen kann, wenn man einen Teebeutel ein zweites Mal benutzt? Tatsache! Und der Tee schmeckt genauso gut!

Tipp Nr. 27: Jeden Teebeutel zweimal verwenden!

Beim ersten Mal drei Minuten, beim zweiten Mal fünf Minuten in der Tasse ziehen lassen. Wenn Sie mit dem Partner Tee trinken, dann können Sie einen Beutel für beide Tassen verwenden. Wenn Ihr Partner nicht so sparsam ist, dann lassen Sie in seiner Tasse den Beutel drinnen, von dem Sie schon profitiert haben, und erzählen Sie ihm nichts davon. Er merkt garantiert nichts.

Tipp Nr. 28: Kaufen Sie im Sommer nur Haltbarmilch!

Anders als Frischmilch wird H-Milch bei hohen Außentemperaturen nicht sauer. Mittlerweile gewöhnte ich mich so an sie, dass ich sie auch in den anderen drei Jahreszeiten kaufe.

Tipp Nr. 29: Beim Kochen immer einen Deckel verwenden!

Wenn Sie einen Deckel verwenden, wird die Speise schneller gar und das Wasser kocht schneller, was Ihnen Energiekosten erspart.

Tipp Nr. 30: Leben Sie grundsätzlich asketisch!

Ein asketisches Leben kostet nicht nur wenig Geld, sondern wirkt sich auch positiv auf die Lebenserwartung aus. Meine Großmutter musste während Kriegs- und Nachkriegszeit viel hungern und wurde 95 Jahre. Mein Stiefvater pflegte zu völlern und starb mit nur 63 an einem Herzinfarkt. Auch für unsere Zellen ist es gesünder, wenn wir ihnen nicht ununterbrochen Nahrung, vor allem Junk Food, zuführen. Sie danken es uns mit längerer Jugend. Meine Oma wurde, wenn sie mit meiner Tante unterwegs war, die sie schon mit 17 geboren hatte, immer für deren Schwester gehalten - was die Tante natürlich verärgerte.

Tipp Nr. 31: Schneiden Sie Tuben am Ende des Gebrauchs auf!

Jeder von uns verwendet Tuben, entweder mit Zahnpasta darin, oder Hautcreme oder Senf usw. Viele werfen die Tuben einfach weg, ohne sie aufzuschneiden. Tun Sie das, schneiden sie scheinbar leere Tuben auf und Sie werden staunen, was da noch an Produktrest drin ist!

Tipp Nr. 32: Zügeln Sie Ihre Esslust!

Ich habe den großen Vorteil, dass mir manche üble Nachricht oder unangenehmes Erlebnis total den Appetit verdirbt. Daher brauche ich wenig Geld für Lebensmittel auszugeben. Und vor allem: Ich werfe nichts weg! Weil ich schon von vornherein weniger einkaufe und aus harten Semmeln Bröseln reibe - kurzum für Reste zweckmäßige Wiederverwertung finde. Eine Studie ergab einmal folgendes: Mit dem Brot, das in Wien weggeworfen wird, könnte man die Bevölkerung von Graz versorgen!

Tipp Nr. 33: Weniger einkaufen!

Es ist nicht nötig, gleich von einem Produkt drei, vier Stück zu kaufen. Das verleitet nur dazu, mehr zu essen als der Körper verlangt.

Tipp Nr. 34: Lenken Sie sich vom Essen ab!

Haben Sie sich schon gefragt, warum reiche Leute immer so superschlank sind? Weil Lachs & Kaviar nur wenig Kalorien haben? Nein, reiche Leute bleiben schlank, weil Sie genug Geld für Ablenkungen besitzen. Nun kann man sich aber auch mit wenig oder sogar ganz ohne Geld genug Ablenkung verschaffen. Viele Menschen essen aus reiner Langeweile. Oder sie sitzen vor dem TV-Gerät und essen, damit ihre Hände beschäftigt sind. Daher rate ich Ihnen, sich beim Fernsehen einfach auf Ihre Hände zu setzen, damit Sie nicht ununterbrochen Chips und anderes

Zeug in sich hineinstopfen können. Oder Sie beginnen mit dem Stricken oder Häkeln Ihrer Weihnachtsgeschenke. Manche Damen bügeln auch, um sich von dem oft ohnehin miesen Programm abzulenken. Viel vorteilhafter wäre jedoch, sich Notizen zu machen, wenn einmal im TV wer einen guten Spar-Tipp von sich gibt oder ein Geschenk bei der Eröffnung eines neuen Geschäfts verkündet.

Tipp Nr. 35: Gehen Sie niemals hungrig in den Supermarkt einkaufen!

Wenn Sie mit leerem Magen einkaufen gehen, verleitet Sie das dazu, viel mehr zu kaufen als Sie benötigen.

Tipp Nr. 36: Schreiben Sie sich eine Einkaufsliste!

Notieren Sie vor dem Einkauf, welche Lebensmittel Sie überhaupt benötigen. So verhindern Sie im Geschäft dann unnötige Spontankäufe für nicht gebrauchte Nahrung, welche dann im Müll landet oder vom langen Liegen schimmlig wird.

Tipp Nr. 37: Weniger Essen auf den Tellern anrichten!

Geben Sie weniger auf den Teller, dafür können Sie die Speisen jedoch schön ausufernd drapieren, damit es die Familie nicht bemerkt. Und mit einem interessanten Tischgespräch diplomatisch davon ablenken, dass nun nur noch die Hälfte der Speisen auf dem Teller liegen! Und es gibt noch einen weiteren Trick, die Esslust Ihrer Lieben zu dämpfen, dank der Arbeit von Psychologen.

Tipp Nr. 38: Blaue Teller für die Speisen verwenden!

Wie einer Studie zu entnehmen ist, hemmen blaue Teller den Appetit derer, die von ihm essen. Psychologen fanden nämlich heraus, dass die Farbe Blau - auch bei Speisen, wie z. B. gefärbten Spaghetti - schneller satt macht.

Tipp Nr. 39: Verwenden Sie auch blaue Schüssel und Tassen oder zumindest ein blaues Tischtuch und blaue Servietten.

Dieser einfache Farbtrick bringt Ihnen bereits die Ersparnis von mindestens einem Viertel der jährlichen Lebensmittelkosten ein!

Tipp Nr. 40: Einkaufstüten mehrfach verwenden!

Im Supermarkt kostet eine Papier- oder Plastiktüte im Durchschnitt 60 Cent. Regelmäßig finde ich in der Papiertonne solche Tüten mit Altpapier und Zeitungen entsorgt. Dabei sind diese Tüten doch faltbar und nicht schwer zu tragen! Die Ersparnis von solchen wiederverwendeten Tüten kann bis zu 30 €/Jahr betragen (60 Cent mal 50 Wochen sind 30 Euro, die Sie in die Tonne treten!). Aber leider sind die Konsumenten zu verwöhnt, zu gedankenlos und auch - das muss ich leider bemerken - zu unklug, um zu merken, wie sie ihr Geld faktisch wegwerfen!

Tipp Nr. 41: Verwenden Sie kaputte Strumpfhosen zum Putzen!

Mit kaputten Strumpfhosen kann man prima staubwischen - einfach über die Hand ziehen und abstauben - oder zusammengeknüllt die Fenster damit putzen. Früher nahm ich dazu Klopapier. Apropos Klopapier.

Tipp Nr. 42: Organisieren Sie sich Ihr Klopapier im Einkaufscenter!

Einmal ging es mir finanziell so schlecht, dass ich mir kein Klopapier kaufen konnte. Ich aß damals auch schon meine eisernen Vorräte auf. Zum Beispiel Spaghetti (nicht al dente, sondern gar gekocht) mit Kristallzucker - schmeckte übrigens gar nicht so schlecht. Zurück zum Klopapier, ich ging einfach in die Einkaufsmall, begab mich dort auf die öffentliche Toilette und wickelte in aller Ruhe einige Reihen des dort in einer Box eingesperrten - die Betreiber sind schließlich auch nicht von gestern - Klopapiers ab. Das ist kein Diebstahl, denn es steht ja dem Konsumenten zur Verfügung und nirgendwo steht geschrieben, dass ich es an Ort und Stelle verwenden muss. Man darf es sich in der Kabine ungesehen selbstverständlich abwickeln, einstecken und mit heim nehmen!

Die ganze Rolle ist ohnehin nicht aus der Metallverkleidung herauszubekommen. Wenn Sie feuchtes Klopapier bevorzugen, dann stellen Sie sich einfach einen Topf mit Seifenwasser neben die Klomuschel - gemopstes Klopapier eintauchen, abwischen, fertig.

Tipp Nr. 43: Kaufen Sie keine teuren Küchenrollen mit Dekor.

Küchenrollen können leicht durch billige weiße Papierservietten ersetzt werden, die sich genauso gut zum Wegwischen von Spritzern eignen. Ich hatte zudem das Problem, dass die Haltevorrichtung nicht an der Wand kleben blieb und immer herunterfiel, ehe ich sie wütend anschraubte.

Tipp Nr. 44: Waschen Sie Ihre Vorhänge mit Backpulver!

Ersparen Sie sich teure Waschmittel extra für weiße Vorhänge zu kaufen. Es reicht eine Packung Backpulver und die Vorhänge werden weiß wie Schnee.

Tipp Nr. 45: Waschen Sie nur mit 40 Grad!

Nicht nur der Umwelt zuliebe sollten Sie Ihre Wäsche mit nur 40 Grad waschen, das Gewebe verschleißt dann auch nicht so schnell.

Tipp Nr. 46: Verwenden Sie keinen Weichspüler!

Weichspüler sind nicht nur teuer, sie können bei empfindlichen Menschen und Kindern leicht Allergien auslösen. Ich bekam einen Ausschlag nachdem ich im weichgespülten Frottee-Pyjama geschlafen hatte.

Tipp Nr. 47: Kaufen Sie keine Möbelpolitur!

Möbelpolituren können Sie sich sparen, denn sie kosten viel und stinken stark. Einfach ein normales Öl verwenden, das Sie sparsam auf ein Tuch oder auch eine kaputte Strumpfhose oder auf ein zerschnittenes altes Hemd geben, und damit über die Möbel wischen. Es gab mal einen Mann, der behauptete, mit seinem Ohrenschmalz die Möbel zu pflegen. Aber dazu will ich niemand ermuntern. Für furniertes Holz tut es auch einfach nur ein mit Wasser befeuchtetes Tuch, mit dem Sie die Flecken wegwischen können, die Finger und Handflächen darauf hinterlassen haben.

Tipp Nr. 48: Kaufen Sie keine Deko-Artikel!

Um den Tisch zu decken, brauchen Sie keine teure Deko zu kaufen, denn es reicht, wenn Sie im Frühling einige Blütenblätter aus dem Park auf das Tischtuch streuen, im Sommer einige essbare Früchte, im Herbst bunte Blätter und im Winter Tannenzweige, die Sie selbst sammeln. Was die Natur zu bieten hat, übertrifft unnützes Plastikzeug bei weitem und verstaubt dann nicht in der Vitrine oder in einem Vorratskasten. Auch für Ihre Regale würde ich Ihnen von billig aussehenden, aber teuren Nippesfiguren abraten. Nehmen Sie sich stattdessen ein paar Bücher aus einer Büchertausch-Box, oder heben Sie schöne leere, bauchige Wein- oder Cognac-Flaschen auf, die sich auch dekorativ im Regal oder auf Kommoden ausnehmen.

Kosmetik-Tipps aus der Küche

Jeder Mensch will sich seiner Umwelt so attraktiv wie nur möglich präsentieren, weil wir leider in einer sehr oberflächlichen Gesellschaft leben. Daher gibt es auf dem Kosmetikprodukt-Sektor eine überaus reiche Auswahl - reich muss man auch sein, wenn man der Werbung folgt, die einem stets die schönsten Models vor Augen führt, die sich mit den teuersten Produkten die Schönheit scheinbar konservieren können - was natürlich nicht der Fall ist.

Tipp Nr. 49: Essen Sie möglichst natürliche Produkte!

Die Nahrung zeigt sich auch in Ihrem Gesicht. Wenn Sie Fast Food essen, wird auch Ihre Gesichtshaut schnell darunter leiden und fahl aussehen. Apropos essen: Nicht immer muss man verdorbene Lebensmittel gleich wegwerfen, sondern man kann sie auch zu kosmetischen Zwecken nützlich einsetzen.

Tipp Nr. 50: Sauer gewordene Milch oder Joghurts (Joghurt eignet sich auch nach einem Sonnenbrand zur Beruhigung der Haut) kann man als Badezusatz in die Wanne kippen, das tut der Haut gut!

Bleiben Sie grundsätzlich nicht zu lange in der Wanne sitzen, denn das laugt die Haut aus und macht sie anfälliger für Keime.

Tipp Nr. 51: Abgelaufene Mayonnaise können Sie sich zur Pflege in die Haarspitzen schmieren!

Die Haare werden herrlich weich nach dem Waschen und glänzen so als hätten Sie einen teuren Conditioner verwendet.

Tipp Nr. 52: Gehen Sie nicht zur Kosmetikerin!

So angenehm und entspannend auch die Behandlung bei einer Kosmetikerin in einem Institut ist, so teuer schlägt er zu Buche. Man leiert Ihnen dort das Geld mit Peelings, Ampullen und Masken aus der Geldbörse, welche Sie sich daheim aus dem Küchenschrank sehr billig selbst herstellen können! Z. B. eine reife Banane zerdrücken, mit Honig mischen und auf das gereinigte Gesicht geben. Nach zehn Minten mit lauwarmen Wasser abwaschen.

Tipp Nr. 53: Gehen Sie - falls Sie wie ich eine Problemhaut haben - zu einem guten Hautarzt, der Ihnen ein Rezept für eine Gesichtscreme verschreibt, die in der Apotheke für Sie speziell zusammengemixt wird!

Die Wirkung ist ungleich effizienter und die Kosten dafür angenehm geringer. Ihre anspruchsvolle Haut ist nachher medizinisch richtig und daher auch nachhaltiger gepflegt.

Wenn Sie über eine normale Haut verfügen, dann können Sie ruhig zu den Mitteln greifen, die uns Mutter Natur auch zur Nahrungsaufnahme zur Verfügung stellt:

Tipp Nr. 54: Stellen Sie Ihr Peeling selbst her!

Sie können ein wöchentliches oder monatliches (je nach Bedarf Ihrer Haut) Salzpeeling selbst herstellen, indem Sie die nötigen Körner Salz einfach in den für Sie üblichen Seifenschaum für die Reinigung schmuggeln und unter der Dusche ihren Körper in kreisenden Bewegungen damit bearbeiten. Danach dick eincremen.

Tipp Nr. 55: Verwenden Sie Ihren Kaffeesatz mit Öl kombiniert als Cellulitemittel!

Einfach das körnige Kaffeepulver mit etwas Öl vermischen und in kreisenden Bewegungen damit die Oberschenkel massieren. Sogar ein sehr berühmtes amerikanisches Supermodel, dessen Namen ich hier aber wegen Persönlichkeitsrechten nicht nenne, schwört auf diese natürliche preiswerte Methode, die Beine schlank ohne Dellen zu bekommen.

Tipp Nr 56: Legen Sie sich eine Maske aus Gurken auf das Gesicht, um die Haut zu durchfeuchten!

Wenn Sie sich einen Gurkensalat zubereiten, dann können Sie einige Scheiben oder auch nur die Schalen für die Gesichts- und Dekolleté-Pflege reservieren. In einer ruhigen Minute alles auf die gereinigte Gesichtshaut legen, sich selbst auf das Sofa und einfach zehn Minuten entspannen. Das können Sie auch tun, wenn Sie abends fernsehen, oder ein gutes Buch lesen oder einfach nur dasitzen und von besseren Zeiten träumen.

Tipp Nr. 57: Färben Sie Ihre Lippen mit roten Rüben!

Rote Rüben - meist als schmackhafter Salat im Glas erhältlich - sind nicht nur gesund, sondern färben auch. Leider auch die Kleidung, denn Flecken sind schwer aus weißen Blusen & Hemden herauszubekommen. Aber die Lippen können Sie sich vor dem Ausgehen damit wunderbar intensiv und natürlich rot färben und nebenbei auf diese Art pflegen. Als Alternative eignet sich auch gekochter Hollunder.

Tipp Nr. 58: Kaufen Sie sich, wenn Sie professionelle Pflege möchten, einfach eine Maske im Drogeriemarkt!

Die kleinen Tütchen mit Masken für alle Hauttypen sind ausgesprochen günstig im Preis und effektiv in der Wirkung. Dasselbe bekommen Sie bei der Kosmetikerin - allerdings mit viel Brimborium und um einen gesalzenen Preis! Do it yourself - das spart Zeit & Geld!

Tipp Nr. 59: Verwenden Sie anstatt einer adstringierenden Gesichtsmaske einfach Ihre Zahnpasta!

Es gibt von diversen Kosmetikfirmen sehr teure Gesichtsmasken-Tuben, die eine adstringierende (zusammenziehende und erfrischende) Wirkung versprechen. Ich selbst kaufte so ein Produkt für über 40 Euro und staunte nicht schlecht: es fühlte sich genauso an, als hätte ich meine Zahnpasta im Gesicht. Den Trick mit der Zahnpasta verriet mir eine Schulkollegin, die so wie ich unter fetter, unreiner Haut litt. Der Unterschied ist, dass die Zahnpasta nur ein Zehntel der Maske kostet. Sie müssen nur die Augenpartie aussparen.

Tipp Nr. 60: Bevorzugen Sie Eigenprodukte der Drogerie-Märkte.

Jede Drogeriekette hat ihre Eigenmarken, die laut Stiftung Warentest im Testlauf sogar besser abschnitten als Markenkosmetik. Wichtig ist nur, dass Sie Produkte für Ihren Hauttyp passend auswählen. Zur Not können Sie Ihr Gesicht auch mit einer Eigenmarke-Handcreme pflegen.

Tipp Nr. 61: Kaufen Sie keine teuren Straffungscremes!

All die Versprechungen, die Ihnen die Parfumerie bezüglich eines dauerhaften Straffungseffekts macht, sind leider Illusion. Solche Produkte gehören in den Bereich der Medizin und sind daher nur beim Arzt oder in der Apotheke zu erhalten. Tränken Sie einfach einen Wattebausch mit grünem Tee. Tupfen Sie damit das gereinigte Gesicht und den Hals sowie das Dekolleté ab. Nach zehn Minuten Einwirkzeit gründlich mit lauwarmem Wasser abwaschen. Das strafft die Haut ganz ohne Hyaluron. Wenn Sie eine noch stärkere Straffung wünschen, dann schlagen Sie ein Eiklar zu Schnee und bestreichen damit das gereinigte Gesicht (Augenbereich aussparen). Nach zehn Minuten abwaschen - fertig!

Tipp Nr. 62: Kaufen Sie keine Weißmacher-Zahncremes!

Zahncremes mit Schleifpartikel darin sind für den Zahnschmelz sehr schädlich. Und die ziemlich teuren Weißmacher-Zahncremes ohne Partikel darin helfen so gut wie nicht. Sie können entweder Backpulver oder das Innere von Bananenschalen dazu verwenden, unschöne Verfärbungen an Ihren Zähnen zu entfernen. Reiben Sie Ihre Zähne mit der Innenseite der Bananenschale ein, lassen es zehn Minuten einwirken und putzen dann mit einer billigen Zahncreme nach. Nach 14 Tagen können Sie eine Aufhellung bemerken. Und bedenken Sie, dass Mitteleuropäer unterschiedliche Zahnfarben haben (und dunkle Zähne halten angeblich länger), es ist daher schwer möglich, echte Zähne so weiß zu bekommen, wie das auf retuschierten Titelbildern der Yellowpress zu sehen ist.

Tipp Nr. 63: Lassen Sie Ihre Zähne nicht bleichen!

Sie müssen diese teure und so aufwendige wie unangenehme Prozedur alle paar Jahre wiederholen - außer Sie trinken Kaffee, Tee und Rotwein fürderhin nur noch per Strohhalm. Gebleichte Zähne werden außerdem temperaturempfindlich, was bei kalten oder heißen Getränken einen Schmerzreiz setzt.

Nun zur rein dekorativen Kosmetik des Gesichtes:

Tipp Nr. 64: Verwenden Sie einen Pinsel, um damit die letzten Reste Ihres Lippenstiftes aufzutragen! Die Ersparnis, die Sie damit übers Jahr erhalten, entspricht der Kosten eines neuen Stiftes.

Tipp Nr. 65: Anstatt Lippenstift lässt sich auch Rouge verwenden und umgekehrt!

Sie benötigen für Lippen und Wangen nur ein Produkt, das noch dazu die identische Farbe hat und Ihr Gesicht viel harmonischer aussehen lässt. Entweder Sie nutzen den Lippenstift auch als Rouge oder das Rouge auch als Lippenstift. Zwei Produkte sind Geldverschwendung.

Tipp Nr. 66: Nutzen Sie schwarzen Kajalstift auch für die Augenbrauen.

Es ist ebensolche Geldverschwendung, einen Kajalstift und einen Augenbrauenstift in der Farbe Schwarz zu kaufen, denn mit einem Kajalstift lassen sich auch leicht die Augenbrauen-Härchen nachzeichnen. Das sieht sehr natürlich aus, wenn Sie es nicht übertreiben. Bedenken Sie: weniger ist mehr. Zur Not können Sie für etwas hellere Augenbrauen auch einen simplen Bleistift verwenden.

Auch beim Abschminken lässt sich sparen:

Tipp Nr. 67: Verwenden Sie Speiseöl zum Abschminken!

Das native Olivenöl eignet sich nicht nur zum Salat-Machen, sondern hilft Ihnen auch, die ganze Maquillage von Ihrem Gesicht zu wischen, ohne auf teure Spezialprodukte zurückgreifen zu müssen. Sie können ebenso Rapsöl dazu verwenden. Wichtig ist nur, danach mit Seifenschaum (ich empfehle Ihnen eine PH-neutrale Seife) die Reste abzuwaschen. Ihre Haut wird es Ihnen mit strahlendem Aussehen danken. Als Alternative eignet sich auch billige Vaseline-Creme.

Tipp Nr. 68: Befeuchten Sie einen Wattebausch, ehe Sie damit Ihr Gesichtswasser auftragen! Der feuchte Bausch verhindert, dass zuviel Gesichtswasser unnötig aufgesogen wird. Es bleibt also mehr im Fläschchen.

Tipp Nr. 69: Kaufen Sie kein teures Parfum!

Parfums von berühmten Personen, die ihren Namen dafür hergeben, sind völlig überteuert. Sie bekommen in einem einfachen Flakon von einem No-Name leicht einen ähnlichen Duft, der Ihre Persönlichkeit unterstreicht und Ihnen weder ein Loch ins Budget reißt, noch aufgrund der Intensität Kopfschmerz verursacht. Sie können sich sogar selbst einen Duft herstellen: Pflücken Sie duftende Rosenblütenblätter vom Park und zerschneiden sie diese ganz klein. Dazu mischen Sie 20 ml Alkohol (Weingeist oder Ethanol) und einige Tropfen Jojoba- oder Avocadoöl. Alles in eine dunkle Glasflasche füllen - fertig. Anstatt der Rosenblütenblätter können Sie auch Duftöle aus der Drogerie verwenden, je nach Ihrem Geschmack.

Elektrische Helfer

Tipp Nr. 70: Schalten Sie TV-Gerät und Radio, die meist Plastikschalter haben, mit dem Stecker ein und aus!

Plastikschalter nutzen sich oft rascher ab als der Rest des Gerätes. Daher sollten Sie vermeiden, diese zum Aus- und Einschalten zu benutzen. Ziehen Sie einfach den Stecker heraus und, wenn Sie einschalten wollen, wieder rein.

Tipp Nr. 71: Verwenden Sie einen Verteilerstecker!

Gönnen Sie Ihren Geräten schon aus Kostengründen eine Auszeit, anstatt sie auf Stand-by laufen zu lassen. Mit einem Verteilerstecker, den Sie einfach abschalten können, sobald Sie das Haus verlassen, verhindern Sie sinnlosen Stromverbrauch im üblichen Stand-by-Betrieb.

Tipp Nr. 72: Kaufen Sie nicht zu viele Geräte!

Es ist absolut unnötig, sich einen Videorecorder zu kaufen, wenn es die Möglichkeit einer Videothek im Internet gibt. Sie verbringen dann auch viel zu viel Zeit vor dem Bildschirm, die Ihnen dann anderswo fehlt. Es ist auch unnötig, sich eine Fotokamera zu kaufen, wenn man ein Handy mit Fotofunktion besitzt. Für den Urlaub können Sie sich bei Verwandten, Freunden und Bekannten auch eine Kamera ausborgen, wenn Sie Fotos von besserer Qualität bei irgendeinem wichtigen Anlass machen wollen. Denn Kameras liegen oft daheim und werden viel zu selten verwendet. Schade um die Anschaffungskosten. Bei Videorecordern machte ich leider die Erfahrung, dass sie sehr reparaturanfällig sind. Und überhaupt gilt: Je komplizierter die Technik eines Gerätes ist, desto reparaturanfälliger ist es.

Tipp Nr. 73: Kaufen Sie keine Kapsel-Kaffeemaschine!

Nicht nur, dass die Maschine, die meist hübsch aussieht und bald auch noch sprechen wird können, teuer ist, sind auch die Kapseln teuer und erhöhen die Müllberge. Wenn Sie so eine Maschine haben, dann verschenken Sie diese, solange sie noch halbwegs funktioniert und kaufen Sie sich bei einem Altwarenhändler eine kleine italienische Kaffeemaschine. Beim Preis können Sie ihn sicher noch runterhandeln.

Tipp Nr. 74: Kaufen Sie keinen Rasenmähroboter!

Diese lustigen Gesellen, die eifrig im Garten herumwuseln und den Rasen abmähen,

mögen ja fürs Auge eine Freude sein, nicht
jedoch für die Tierwelt, die da kreucht und
fleucht. Igel & Co. werden von den
unbarmherzigen Maschinen brachial überrollt
und verhackstückt. Massaker im Garten -
wollen Sie das wirklich? Aus Tierliebe und
Sparsamkeit sollten Sie mit einem
herkömmlichen Rasenmäher, den Sie
möglichst von einem Nachbarn ausgeliehen
haben, persönlich Ihren Rasen maniküren.
Das hält nebenbei auch noch fit.

Kommunikation

Schon Paul Watzlawick erkannte: Man
kann nicht nicht kommunizieren. Meist
kommunizieren wir aber nicht nur über
unsere Kleidung, unsere Gesten, unsere bösen
Blicke, sondern über unsere Sprache und das
noch dazu fernmündlich, was natürlich dem
Budget abträglich ist.

Es heißt: Frauen telefonieren sehr gerne.
Das stimmt wohl, und besonders, wenn man
mit Plaudertaschen befreundet ist. Sorgen Sie
daher dafür, dass die Gespräche, die Sie am
Handy per Anruf begonnen haben, so kurz
und prägnant wie möglich bleiben. Indem Sie
beispielsweise sagen: "Entschuldige, ich habe
leider nur wenig Zeit, daher wollte ich dir nur
sagen, dass ...."

Oder: "Leider muss ich gleich aufbrechen, daher teile ich dir nur in aller Kürze mit, dass..."

Ich war einmal so gutmütig, oder bezeichnen wir es ruhig als dumm, eine sogenannte Freundin auf deren Wunsch hin anzurufen, denn Sie meinte: "Rufst du mich bitte an? Ich hab nur noch wenig Guthaben auf der Karte." Dann konnte ich mir eine halbe Stunde ihr nutzloses Geschwafel anhören. Ich ärgere mich noch heute, dass ich nicht gesagt habe: "Tut mir leid, aber ich bin nicht die Onassis, ich kann nicht um *mein* Geld so lang telefonieren und mir *deine* Sorgen anhören!"

Oder: "Wenn ich mir deine Freundschaft erkaufen muss, dann verzichte ich darauf."

Tipp Nr. 75: Vertelefonieren Sie Ihr Kapital nicht nutzlos!

Telefonieren Sie aktiv nur, wenn Sie eine Auskunft brauchen, einen Termin vereinbaren oder jemanden eine Beschwerde ausrichten wollen. Wenn Sie das Bedürfnis haben, mit jemanden zu sprechen, dann treffen Sie sich persönlich mit ihm.

Tipp Nr. 76: Rufen Sie niemals 0900-Nummern an!

Manche Hotlines versprechen mit Rat & Tat Hilfe oder wollen Ihnen die Zukunft voraussagen - alles 0900-Nummern!

Keinesfalls wählen. Auch, wenn es sich um eine Stellung handelt, die 2.500 € monatlich einbringen soll, ist das nur ein Trick, Sie möglichst lange in der Leitung zu halten. Auch diese sogenannten Sex-Hotlines sind nur auf langes Zuhören erpicht, welches sich dann in vielen Zahlen vor dem Komma auf Ihrer Rechnung niederschlägt.

Tipp Nr. 77: Fassen Sie sich bei Anrufen kurz, indem Sie sich vorher einen Schummelzettel schreiben!

Immer, wenn Sie mit jemanden telefonieren, sollten Sie an Ihre Telefonrechnung denken. Schreiben Sie sich vorher auf, was Sie dem Teilnehmer sagen möchten, bevor Sie seine Nummer wählen, denn es kann sein, dass Sie von ihm abgelenkt werden und darauf vergessen. Stellen Sie gleich klar, dass Sie nicht viel Zeit haben, daher nur ganz kurz etwas Wichtiges mitteilen möchten. Ich hatte einmal eine Freundschaft zu einer sehr redseligen Frau, die mich immer unterbrach und beinahe totquatschte. Dabei erzählte sie mir über das ihr widerfahrene Unrecht und ihre Probleme und wollte sich eigentlich nur den Therapeuten ersparen. Sie tat mir zwar leid, doch ich beendete diese Freundschaft behutsam.

Tipp Nr. 78: Nutzen Sie eMails anstatt anzurufen!

Wenn Sie etwas länger ausführen möchten, dann tun Sie das per Mail, denn da können Sie sich weitschweifiger ausdrücken, ohne eine hohe Rechnung fürchten zu müssen. Außerdem kann ein begriffsstutziger Mensch Ihre Nachricht ein zweites Mal durchlesen, während er Ihre Worte am Telefon womöglich sehr rasch wieder vergisst oder einfach überhört. Manche Menschen verfügen leider nur über eine sehr geringe Aufmerksamkeitsspanne von nur 20 Sekunden.

Tipp Nr: 79: Vereinbaren Sie auch Termine per eMail oder nutzen Sie den Anrufbeantworter, auf den Sie Ihre Bitte um Rückruf vom Arzt oder der Person, bei der Sie einen Termin brauchen, sprechen!

Meist ist während der Ordinationszeit die Leitung unaufhörlich besetzt und Sie landen in der Warteschleife, wo langweilige Musik in Ihre Ohren dröhnt. Daher ist es besser, davor (oder danach) anzurufen und die Arzthelferin um einen Rückruf zwecks Terminvereinbarung zu bitten.

Tipp Nr. 80: Verleihen Sie niemals Ihr Handy!

Sie wissen nicht, wie lange der Bittsteller (meist ein enger Verwandter) Ihr Handy nutzt, um womöglich noch ins Ausland zu telefonieren.

Tipp Nr. 81: Rufen Sie niemals unbekannte Nummern zurück!

Es ist ein alter Trick von Betrügern, Anrufe mit nicht unterdrückter Nummer zu tätigen, sogleich aufzulegen und zu warten, bis der Angerufene zurückruft. Die Nummer führt dann zu hochpreisigen Hotlines im Ausland, die ab dem ersten Freizeichen schon beginnen, Ihnen eine Rechnung für den Rückruf zu stellen! Und der wird teuer!

Hohe Heizkosten vermeiden

Es kam zuletzt schon soweit, dass sich manche armen Menschen entscheiden mussten, ob sie mit ihrem Geld Essen kaufen oder heizen sollen! Für eine angebliche Wohlstandsgesellschaft eigentlich ein Armutszeugnis. Doch auch hier können einfache Tricks Abhilfe schaffen!

Tipp Nr. 82: Hinter den Heizkörper Alufolie kleben!

Sie ersparen sich etliches an Heizkosten, wenn sie die Wand hinter ihrem Heizkörper mit Alufolie oder wahlweise auch Styropor verkleiden. Das verhindert nämlich, dass Sie die Wand anstatt dem Zimmer heizen. Die

Wärme wird effizienter verteilt und Sie frieren nicht so schnell.

Tipp Nr. 83: Tragen Sie im Winter immer warme Unterwäsche und warme Socken!

Nach dem Leitsatz *Es gibt kein schlechtes Wetter, nur unpassende Kleidung* können Sie mit der richtigen warmen Ausrüstung die Heizkosten gering halten. Stellen Sie das Thermostat auf 20 Grad, lüften Sie stoßweise und lassen das Fenster nicht die ganze Zeit gekippt, dann frieren Sie bei richtiger Kleidung bestimmt nicht.

Tipp Nr 84: Wickeln Sie sich daheim im Winter in eine warme Decke ein, wenn Sie sich hinsetzen!

Auch eine warme Decke kann Ihnen hohe Heizkosten ersparen, wenn Sie diese um Ihren Körper wickeln, sobald Sie abends fernsehen oder ein Buch lesen. Sie werden bemerken, dass Sie wohlige Wärme überkommt sowie ein Gefühl der Geborgenheit. Das kann ich Ihnen aus eigener Erfahrung versprechen.

Tipp Nr. 85: Kaufen Sie keine Illustrierten, die können Sie beim Doktor im Wartezimmer lesen!

So sparen Sie gleich doppelt: erstens am Preis der Illustrierten und zweitens bei den Heizkosten. Gehen Sie zu einem Doktor Ihrer Wahl und setzen sich einfach ins warme Wartezimmer, wo Sie sich in aller Ruhe durch den rauschenden Boulevard-Blätterwald lesen. Es wird Sie sicher keiner der anwesenden Patienten fragen, warum Sie nicht in die Ordination zum Onkel Doktor reingehen. Unterhalten Sie sich ganz zwanglos mit den Kranken über deren Beschwerden und amüsieren sich über deren Rosskuren. Sollte Sie dennoch einer fragen, können Sie ja sagen, sie machen nur für Ihre Oma (Mutter, Schwester, etc.) den Platzhalter. Das macht Sie auch sympathischer.

Nicht alle Doktoren beschäftigen eine Sprechstundenhilfe. Ist eine in Amt und Würden, dann können Sie sich leicht unbemerkt an ihr vorbeischmuggeln, wenn die schon ungeduldigen Patienten Schlange bei ihr stehen und ihr etwas vorweinen. Sollte Sie die einmal nicht gestresste Arzthelferin erwischen, dann greifen Sie sich einfach in einer Geste der Verzweiflung an den Kopf und rufen entsetzt aus: "Jessas! Ich hab ja meine eCard daheim vergessen!" Bedenken Sie, es gibt Ärzte genug, Sie brauchen nicht jeden Tag zum selben gehen, das könnte dann doch auffallen.

Tipp Nr. 86: Verbringen Sie den Tag in der Bibliothek!

Das tat ich auch, um meine Bücher zu schreiben. Dort ist es im Winter warm, ruhig und durch die Zeitungen und PCs sehr informativ.

Tipp Nr. 87: Würzen Sie sich Ihre Speisen schärfer!

Was lustig klingt, hat wirklich einen Effekt, denn scharfe Speisen sorgen dafür, dass Ihnen von innen her warm wird.

Tipp Nr. 88: Nutzen Sie eine Wärmflasche!

Die gute alte Wärmflasche, die Sie mit heißem Wasser füllen, sorgt dafür, dass Sie die Wärme dort haben, wo Sie diese auch wirklich brauchen: ganz nah am Körper.

Sparen Sie sich Schwierigkeiten

Das wichtigste nach der Geldersparnis war für mich immer, mir Schwierigkeiten aller Art zu ersparen. Denn Schwierigkeiten können auch sehr oft ins Geld gehen.

Tipp Nr. 89: Vermeiden Sie jedenfalls unnötigen Streit!

Machen Sie es wie Sie es in der Fahrschule für den Straßenverkehr gelernt haben: Defensiv fahren! Also verhalten Sie sich auch defensiv, wenn man Sie provoziert. Es gibt leider Zeitgenossen, die immer wieder menschliche Prellböcke und Reibungsflächen suchen, an denen sie ihren Frust loswerden können. Zumeist lohnt sich ein Streit mit solchen Kreaturen nicht, von den (z. B. bei

Ehrenbeleidigung) folgenden Prozesskosten für den Anwalt gar nicht zu reden. Es geht meist um nichts oder um Kleinigkeiten, für die sich der ganze enorme Energieaufwand und Nervenabrieb wirklich nicht lohnt. Vor allem wird bei jedem Streit ungesundes Cortisol vom Körper ausgeschüttet und öffnet dadurch die Pforte für Viren, die uns dann flachlegen. Wenn wir nicht schon vorher von so einem brutalen Widersacher mit reiner Körperkraft aufs Parkett geworfen werden und flach daliegen. Es hat auch wenig Effekt, wenn wir dann den Prozess gewinnen, denn der (gesundheitliche) Schaden ist angerichtet. Das bringt mich schon zum nächsten Thema, den Schwierigkeiten beim Reisen.

Reisen auf Eis legen

Manche Reisen sind leider unumgänglich, sei es beruflich, der Liebe wegen oder auch zu Bildungszwecken.

Ich reiste mit 18 schon nach Frankreich - Interrail - um in der Grande Nation meine in der HAK erworbenen Sprachkenntnisse auf die Probe zu stellen - mit mittelmäßigem Erfolg und ziemlich teuer. Wesentlich billiger - wenn auch etwas gefährlicher - wäre mich der Trip per Autostopp gekommen. Ich weiß, als

Frau ist man auf Sicherheit bedacht. Doch da gibt es einen Trick:

Tipp Nr. 90: An einer Tankstelle auf eine Mitfahrgelegenheit bei einer lieben Dame lauern!

Bieten Sie der Dame gleich Ihre Hilfe beim Tanken an, dabei können Sie nebenbei erwähnen, dass Sie dringend nach XY zu einem kranken Verwandten müssen und daher dankbar wären, wenn sie Sie ein Stück mitnehmen könnte.

Übrigens bewohnte ich damals in Paris ein billiges Zimmer mit Blick in den Hinterhof. Im Bad befand sich kein Klo, dafür ein Bidet. Da merkt man sofort, welcher Körperteil in dem Land der wichtigste ist! Ich machte Pipi ins Bidet, damit ich nachts nicht raus auf das Gangklo musste. Groß ging leider nicht, außer man hatte Dünnpfiff.

Tipp Nr. 91: Wählen Sie die preisgünstigste Reiseroute!

Im Reisebüro und auch in den Prospekten wird oft darauf hingewiesen, dass schon der Weg das Ziel ist. Dementsprechend wollen Sie die Veranstalter mitunter auf eine längere Tour schicken, bis Sie endlich in Ihrer gewünschten Destination ankommen. Daher rate ich zur direkten, meist auch preisgünstigsten Route. Also lieber Direktflug als eine Kombination von Flug, Zug, Schiff, Bus, Pferdekutsche oder Hundeschlitten.

Tipp Nr. 92: Machen Sie Urlaub auf Balkonien!

Verfügen Sie über einen Balkon oder einen Garten, sollten Sie nicht Ihr Geld in den Rachen von dubiosen Reiseveranstaltern werfen. Ich könnte mindestens zwei Bücher mit negativen Erlebnissen aus meinen Urlauben füllen und Sie haben sicher auch schon derlei Erfahrungen gemacht.

Tipp Nr. 93: Nutzen Sie Couch-Surfing für Reisen!

Sollten Sie vom Fernweh so sehr gepackt werden, dass Sie es - aus welchen Gründen auch immer - daheim nicht mehr länger aushalten, sollten Sie sich im Internet vorher über liebenswerte Gastgeber kundig machen, die Ihnen ihre Couch zum Schlafen zur Verfügung stellen. Dann können Sie auch unbesorgt im dortigen Supermarkt einkaufen, denn es gibt Hotels, die Ihre Taschen kontrollieren, ob darin billige Nahrung liegt. Diese Wucherer wollen nämlich, dass man Ihr teures Hotelrestaurant nutzt, um den Hunger zu stillen, und danach noch die Hotelbar, um den Durst zu löschen!

Tipp Nr. 94: Last Minute-Angebote nutzen!

Sollten Sie also einen Gastgeber gefunden haben, dann brauchen Sie nur noch für den preiswerten Transport zu ihm sorgen. Dafür stellen Last Minute-Angebote die ideale Möglichkeit dar.

Tipp Nr. 95: Nützen Sie Ihren Daumen zum Autostoppen!

Es ist zwar nicht ungefährlich für Frauen, doch manche sind sehr abenteuerlustig und wissen sich auch im Fall der ungewünschten Annäherung zu wehren. Im Ernstfall kann man auch auf seine Hepatitis C hinweisen, die man sich leider beim letzten Geschlechtsverkehr zugezogen hat. Wichtig ist auch, dass Sie bei einer Tankstelle zusteigen, wo man Sie in den Wagen Ihres Chauffeurs auf Zeit einsteigen sehen kann.

Tipp Nr. 96: Vermeiden Sie reine Vergnügungsreisen möglichst!

Bedenken Sie, dass Sie sich außer den Kosten noch die ganzen Unannehmlichkeiten so einer Reise ersparen können. Als da wären: Der Strip Tease beim Check Inn vor übereifrigen Kontrollorganen, die geil darauf sind, genau all Ihre Körperöffnungen zu inspizieren, das verloren gegangene Gepäck, die Ausreden der Fluglinie, die ganzen Verspätungen, lästige Reisegenossen, die permanent auf Sie einreden und Ihnen alte Witze erzählen und dann noch auf die Schulter klopfen, wenn Sie müde darüber lächeln. Die Kriminellen, die es auf Touristen, ihr Gepäck, ihr iPhone und ihre Barschaft oder ihren Schmuck abgesehen haben oder Sie gar entführen wollen, um vom Staat Lösegeld für Sie zu erpressen. Und - last, but not least - die Gefahr eines Flugzeug- oder Heißluftballonabsturzes, einer Zugentgleisung oder eines Busunfalles.

Unterhaltungselektronik umgehen

Wir alle sind dem Zeitgeist unterworfen und müssen oft immer erreichbar sein. Das heißt, wir sind mit den Kontrollgeräten, die sich Handy, Smartphone und iPhone schimpfen, ausgerüstet, um andern Leuten zur Verfügung zu stehen oder unsere Kinder überwachen zu können.

Vor den einschlägigen Mobilfunk-Shops stehen die Menschen für iPhones Schlange wie einst im Ostblock, wenn es einmal Zitronen gab. Die haben zuviel Zeit.

Tipp Nr. 97: Kaufen Sie keine teuren iPhones für sich und vor allem nicht für Ihr Kind!

Denn damit ebnen Sie den Weg Ihres Kindes auf den Schuldenpfad und machen es überdies zum Ziel kaltblütiger Krimineller, die es, um das Gerät zu erhaschen, zum Opfer auserkoren haben könnten.

Erklären Sie Ihrem Kind in aller Ruhe und Deutlichkeit: "Es gibt leider sehr böse Menschen, die dir eiskalt den Schädel einschlagen würden, wenn sie so ein teures iPhone bei dir sehen!" - Sollte sich Ihr Kind darüber beschweren, ohne es zum Außenseiter zu werden, dann kontern Sie mit dem Satz: "Das sind aber dann die komplett falschen Freunde für dich, denn echte Freunde bewerten dich nicht nach irgendwelchem modischen Schnickschnack!" Sie können auch sagen: "Zeig mir deine Freunde und ich zeig dir deine Zukunft!" Schon Konfuzius meinte: *Nimm dir nur Ebenbürtige zum Freund.* Falsche Freunde können einen leicht ins Krankenhaus oder erst auf die schiefe Bahn und dann ins Gefängnis bringen."

Es ist interessant, dass sogar schon kleine Kinder ganz wild auf Smartphones und spezielle iPhones sind. Dabei sind das doch nur Kontrollgeräte, die wirklich keiner freiwillig mit sich herumschleppen würde, wenn er nicht ein wenig darauf herumspielen könnte. Das ist vielleicht das Schlimmste: diese Geräte dienen nicht der reinen Kommunikation, sondern verlocken die Kinder & Jugendlichen, Ihre wertvolle Zeit mit sinnlosen Spielen zu verplempern oder auf Social Media-Kanälen mit andern zu konkurrieren und sich womöglich mobben zu lassen.

Ich erfuhr von einer Frau, die meinte, trotzdem sie Hartz IV beziehe, würde sie ihrer Tochter ein 600-Euro-Handy kaufen, damit die arme Kleine nicht zur Außenseiterin gestempelt wird. Dabei macht sie mit so einem teuren Gerät nicht nur Millionäre reicher, nein, sie macht auch ihre geliebte Tochter zum Objekt der Begierde finsterer Gesellen. Dieses teure Gerät ist ein Sicherheitsrisiko für das arme Kind, denn sobald ein Krimineller es erspäht, wird er sich nicht scheuen, sogar Gewalt anzuwenden, um dessen habhaft zu werden! Es wäre eine schöne Alternative, wenn die Dame ihre Tochter zu Brettspielen animiert hätte, wo sie ein Gemeinschaftsgefühl mit ihr hätte spüren können, welches das verwandtschaftliche Band stärkt.

Tipp Nr. 98: Nur ganz billige Handys kaufen!

Die wird bestimmt keiner rauben oder stehlen und sie stellen noch das dar, wozu sie eigentlich erfunden worden sind: Kommunikationsmittel.

Tipp Nr. 99: Kaufen Sie kein Flat-TV!

Solche Geräte sind nicht auf lange Lebensdauer ausgerichtet wie einst die alten Röhren-TV-Apparate. Kaufen Sie stattdessen lieber einen Beamer, welcher sogar von der GIS (österreichische GEZ) ausgenommen ist.

Tipp Nr. 100: Kaufen Sie keine Stereoanlage!

Mit der Einführung der Möglichkeit, sich Musik vom PC herunterladen zu können, ist so eine teure Anlage eigentlich obsolet geworden. Sie verleitet auch nur dazu, sich die Tonträger von Stars zu kaufen, die Ihr gutes Geld in Koks & Alk investieren, um sich dann dem Club 27 anschließen zu können.

Tipp Nr. 101: Verzichten Sie auf teure Abos von Streaming-Kanälen!

Wenn Sie streamen, vergeuden Sie Zeit sowie Ihr Geld, denn alles, was dort gespielt wird, landet wenige Jahre später ohnehin im Free-TV.

Tipp Nr. 102: Verzichten Sie auf Kinobesuche!

Es ist zwar toll, sich Science Fiction-Filme auf der großen Leinwand anzusehen, doch Sie ärgern sich später, wenn der Film dann eineinhalb Jahre später im Fernsehen läuft. Auch ersparen Sie sich Ärger mit Leuten, die entweder mit Popcorn- und Chipspackungen herumrascheln, blöd an den falschen Stellen lachen oder Ihnen den Ausgang der kommenden Szene oder gar das Ende des Films verraten. Auch werden Sie nicht angerempelt, wenn Sie viel zu lange am

Ticket-Schalter stehen müssen, mit Bier angeschüttet, wenn Sie sich durch die Menschenmenge an Ihren Platz drängen müssen, oder mit abfälligen Kommentaren bedacht, wenn Sie die 'falsche' Kleidung oder Frisur tragen. Und es sitzt daheim sicher keiner vor Ihnen, der Ihnen die Sicht mit seiner Haartracht oder seinem Hut verdeckt! Sie werden auch im schlimmsten Fall nicht Opfer eines Irren, der sich einbildet, der Joker zu sein und alle vor ihm niederschießt.

Weihnachten wird wieder wonnig

Weihnachten ist das Fest, an dem wir für Geschenke das meiste Geld rauswerfen. Doch es gibt auch bargeldlose Geschenke, die sogar eine persönlichere Note haben.

Tipp Nr. 103: Verschenken Sie etwas Unbrauchbares aus Ihrem Hausrat!

Es kann vorkommen, dass in Ihrer Wohnung ein gerahmtes Foto einer Landschaft hängt, an dem Sie sich längst satt gesehen haben. Also polieren Sie den Rahmen auf Hochglanz, verpacken und verschenken ihn samt Foto. Oder ärgern Sie sich schon die längste Zeit über eine Bodenvase, die eine Ecke blockiert, in welcher Sie lieber ein Buchregal stehen hätten? Polieren, einpacken und verschenken.

Tipp Nr. 104: Gutscheine schenken!

Sie können in einem großen Kuvert, das Sie liebevoll verzieren, Ihren Lieben einfach Gutscheine unter dem Weihnachtsbaum überreichen. Solche, die Sie von Firmen selbst geschenkt bekamen oder solche, die Sie persönlich in einer ruhigen Stunde anfertigen. Einfach aus Papier ausschneiden, mit Buntstiften oder Klebebildchen verzieren und den richtigen Text draufschreiben:
GUTSCHEIN FÜR EINEN MUSEUMSBESUCH MIT MIR, BEI DEM ICH DIR GERN DIE EXPONATE ERKLÄRE (Wenn Sie Glück haben, wird dieser Gutschein niemals eingelöst, weil der oder die Beschenkte ihn verlor oder mangels Interesse - was nicht Ihre Schuld ist - wegwarf)

Oder:
GUTSCHEIN FÜR EINEN KINOBESUCH MIT MIR

Oder:
GUTSCHEIN FÜR EINE WANDERUNG ZU ZWEIT

Sie können solche Gutscheine noch mit einer beigelegten Tafel Schokolade ein wenig aufpeppen.

Tipp Nr. 105: Schenken Sie der Schwiegermama deren unbrauchbares Geschenk vom Vorjahr wieder zurück!

Mit einem hübschen Papier und schöner Schleife verpackt macht das Päckchen der Schwiemu erst Freude und zeigt ihr dann beim Auspacken, dass sie nächstes Mal beim Schenken besser nachdenken soll.

Tipp Nr. 106: Verwenden Sie Geschenkpapier mehrmals!

Packen Sie Ihre Päckchen vorsichtig aus, kratzen Sie die Klebestreifen ab und heben das gefaltete Papier für das nächste Jahr auf. So schonen Sie auch die Umwelt.

Tipp Nr. 107: Stricken Sie für Ihre Lieben!

Außer Gutscheinen können Sie noch selbstgestrickte Geschenke mit wenig Geschick fabrizieren. Aus alten Wollresten können Sie zum Beispiel einen schönen Schal stricken für Ihre (Enkel-)Kinder, und fotografieren Sie deren strahlende Gesichter beim Umbinden. Für einen solchen Schal werden Sie nur zwei Stricknadeln und ein wenig Zeit benötigen. Das Muster ist ganz einfach: immer nur glatte Maschen, das geht schnell und das Ergebnis lässt sich auch dehnen. Sollten Sie keine Wollreste mehr haben, können Sie auch eine Ihrer alten Wollwesten auftrennen, das merkt kein Mensch. Ist weiße Wolle gelblich verfärbt, lässt sie sich in einem Zitronen-Wasserbad bleichen. Oder Sie färben mit rotem Rübensaft aus dem Rübensalatglas, den Sie ohnehin weggeschüttet hätten. Mit ein wenig Überlegung können Sie aus alten Sachen Neues zaubern, Not macht erfinderisch und Sparsamkeit ebenso. Wichtig ist nur, dass Sie das Geschenk auch angemessen präsentieren und vorher liebevoll verpacken.

Tipp Nr. 108: Verschenken Sie einfach Bücher!

Im Anhang finden Sie einige sehr preiswerte Exemplare aus dem Genre Science Fiction, das bei Jugendlichen sehr beliebt ist. Mit Belletristik - vor allem Krimis, die Sie ebenfalls im Anhang finden, - sind Sie immer auf der richtigen Seite. Sie können beim Schenken auch erwähnen, dass Sie mit dem lieben Beschenkten über das Buch gern diskutieren würden, sobald er es ausgelesen hat.

Tipp Nr. 109: Lesen Sie Bücher, die Sie für sich selbst kaufen, sehr vorsichtig, um diese nachher als neu verschenken zu können!

Wenn Sie Bücher kaufen, dann haben diese ohnehin heutzutage keine Cellophanhülle mehr drumherum, weil ja die Umwelt vor Plastik geschützt werden muss. Sie müssen sich nur noch bemühen, beim Lesen keine Eselsohren, Flecken oder Knicke zu verursachen. Also nicht mit den Fingerknöcheln nach jedem Umblättern die

Seite brutal glattstreifen! Dann sehen die Bücher nach einmal Lesen wie neu aus.

Tipp Nr. 110: Backen Sie Weihnachtskekse selbst!

Auch wenn das Backen nicht Ihre Vorliebe oder Stärke ist, sollten Sie gerade zu Weihnachten eine Ausnahme machen. Nicht nur wegen des geringeren Preises, den Sie die kleinen Backwerke kosten, sondern weil Sie dann auch genau wissen, was drinnen ist. Chemische Zusätze, welche Farbe & Haltbarkeit verändern, sind nicht immer gesund. Außerdem haben Kinder viel Spaß daran, wenn sie den Teig ausstechen, durchkneten und formen dürfen. Das stärkt das Gemeinschaftsgefühl und hinterlässt zudem angenehme Erinnerungen für das spätere Leben.

Kinder lernen sparen

Tipp Nr. 111: Schenken Sie Ihren Kindern eine Spardose!

Mit einer bunten Spardose oder einem lächelnden Sparschwein - oft bei Banken gratis erhältlich - können Sie Ihren Kindern das Sparen von Geld schmackhaft machen. Das Klimpern in der Dose oder dem Schwein wird den Kleinen Vergnügen bereiten. Geben Sie den Kleinen für kleine Handreichungen oder das Aufsagen eines Gedichtes 50 Cent und ermuntern Sie sie, das Geldstück einzuwerfen und sich des Klangs zu erfreuen. So können Sie ganz leicht das sparsame Verhalten der Kinder konditionieren, was denen in ihrem späteren Leben helfen wird, das Geld zusammenzuhalten und dessen Wert zu erkennen. Denn der natürliche Zugang zu solchem Verhalten wird bis ins Erwachsenenleben anhalten.

Tipp Nr. 112: Kaufen Sie für Ihre Kinder kein sündteures elektrisches Spielzeug um ein Heidengeld!

Mit dem Kauf eines solchen Luxus' wie z. B. einem elektrischen Roller machen Sie Ihr Kind zum Ziel von lichtscheuem Gesindel. Manche Kriminelle scheuen auch bei Kindern nicht vor der Anwendung roher Gewalt zurück. Außerdem gerät das Kind damit in Versuchung, am normalen Straßenverkehr teilzunehmen und womöglich mit dem Roller noch unter ein Auto zu geraten, weil dessen Fahrer ein rücksichtsloser Raser ist. Außerdem ist es vom entwicklungstechnischen Standpunkt falsch, ein Kind zu früh zu motorisieren. (Außer Sie wollen aus Ihrem Sohn einen Rennfahrer machen.)

Tipp Nr. 113: Gehen Sie mit Ihren kleinen Kindern nicht zum Friseur!

Meine Wenigkeit erinnert sich noch sehr lebhaft an die verhassten Besuche im Friseursalon. Vor allem, weil ich so gern lange Haare haben wollte, doch mir meine strengen Erziehungsberechtigten stets einen Bubikopf verpassen ließen. Der Friseur meinte dazu nur lakonisch: Haare sind wie eine Wiese, die gemäht werden muss, damit mehr Haare besser sprießen. LÜGE! Es können gar nicht mehr Haare wachsen als Wurzeln in der Kopfhaut verankert sind. Also sparen Sie sich den teuren und tränenreichen Besuch beim Haarschneider! Spielen Sie stattdessen mit dem oder der Kleinen einen Friseurbesuch nach. Setzen Sie Ihr Kind auf einen bequemen Stuhl, breiten Sie ein Handtuch über seine Schultern und kämmen Sie die Haare bis zur gewünschten Länge, darunter schneiden Sie sie mit der Schere ab. Dabei sprechen Sie ganz normal mit dem kleinen 'Besucher', wie Sie das in Ihren Friseursalon-Besuchen so erlebt haben: "Na, Frau Mayer, was gibt es Neues bei Ihnen? Sitzt Ihr Mann etwa immer noch im Gefängnis?"

Mit etwas Mut können Sie auch die Teilnahme an einer Frisuren-Show für Ihr Kind und sich selbst in Erwägung ziehen und derart zu einer Gratis-Frisur kommen. Das Ergebnis ist aber nicht immer voraussehbar.

Tipp Nr. 114: Lenken Sie Ihr Kind ab, wenn es im Supermarkt etwas Teures haben will!

Es kommt immer wieder vor, dass sich Kinder in einem Trotzanfall auf den Boden fallen lassen, wenn sie nicht das bekommen, was sie sehen. Ganz ruhig bleiben und normal weiterreden: "Ui, die Leute lachen schon über dich! Ich schäm mich für dich und geh schon mal nach Hause, komm nach, wenn du fertig bist!" Ich rate Ihnen, nicht nachzugeben, nur um Ihre Ruhe zu haben. Das Kind muss begreifen, dass es nicht immer alles haben kann. Sie können auch vorschlagen, erst einmal nach Hause zu gehen, um nachzusehen, ob überhaupt noch soviel Geld vorhanden ist. Dann zeigen Sie Ihrem Kind, wie viel Geld Sie haben und was man dafür alles kaufen kann. Dafür eignet sich ein Prospekt oder Postwurf-Flyer, auf dem die Waren abgebildet sind. So lernt Ihr Kind den Wert des Geldes zu begreifen. Je früher, umso besser.

Tipp Nr. 115: Kaufen Sie niemals Pyrotechnik zu Silvester oder anderen Anlässen!

Erklären Sie Ihrem Kind, dass es erstens reine Geldverschwendung ist, etwas zu kaufen, das einfach explodiert. Das Geld löst sich in Rauch auf, wo man darum doch ein hübsches Spielzeug kaufen kann, mit dem man noch lange viel Freude hat. Und zweitens, dass arme Wild- und Haustiere sich bei den Explosionen zu Tode ängstigen. Außerdem verunfallen jedes Jahr zahlreiche Jugendliche, die sich ihre Böller selber basteln wollen. Die übermütigen Teenies müssen dann mit weniger Fingern oder einer fehlenden Hand im weiteren, langen, oft schweren Leben zurechtkommen!

Tipp Nr. 116: Kaufen Sie Ihrem Kind zu den diversen Anlässen und zu Weihnachten immer nur EIN Geschenk!

Ihr Kind sollte lernen, sich mit einem Geschenk zu begnügen, das es sich gewünscht hat und das auch für Sie leistbar ist. Sprechen Sie also vor dem Anlass mit Ihrem Kind über seine Wünsche und deren Erfüllbarkeit. Merken Sie an, dass viele berühmte Erfinder aus armen Familien stammen und, dass gerade die Not es war, die sie so erfinderisch gemacht hat. Es ist auch psychologisch erwiesen, dass Kinder, die zu viele Geschenke bekommen, damit kognitiv überfordert sind. Sie wissen nicht, womit sie zuerst spielen sollen, können sich nicht auf ein Spielzeug konzentrieren und werden nervös, was manche Eltern oder Großeltern als Undank missverstehen. Kinder brauchen Konsequenz und klare, jedoch freundliche Ansagen, damit sie verstehen können, worum es im Leben wirklich geht und, dass sie eben keine Konsumtrottel sind, wie es die Werbung und die Industrie so gerne hätte.

Tipp Nr. 117: Wenn Ihr Kind etwas haben will, vertrösten Sie es auf einen späteren Zeitpunkt!

Mir wurde bei solchen Gelegenheiten, wo ich mir etwas wünschte, immer gesagt: "Zeichne es dir auf!" Und so lernte ich schon sehr früh, mich mit dem zu begnügen, das ich hatte und über das zu freuen, das ich mir selbst auf ein Blatt Papier malen oder zeichnen konnte. Auch wird dabei die Geduld des Kindes geschult, wenn es auf etwas warten muss, was für sein späteres Leben sehr wichtig ist. Keiner kann immer alles sofort haben. Das macht außerdem sehr unzufrieden, denn jedes Kind braucht nun einmal Problemstellungen, die es mit Geisteskraft lösen kann.

Tipp Nr. 118: Kochen Sie mit Ihren Kindern billige Gerichte!

Manche Kinder entwickeln Aversionen gegen gewisse Nahrungsmittel - vorwiegend gegen gesunde und noch dazu preiswerte - und wollen diese nicht essen. Das können Sie verhindern, indem Sie die Kleinen in Ihrer Küche unter Ihrer Aufsicht das Obst oder das Gemüse mit dem kleinen Messer schneiden lassen. Wichtig dabei ist, dass Sie sagen: "Du

DARFST mir beim Essenmachen helfen, Liebling." Dann fühlt sich der kleine Liebling wichtig genommen, ungezwungen und isst auch alles, was er selbst zubereitet hat, vor allem, wenn Sie seine Arbeit loben. Lob kostet nichts und hilft bei der Kindererziehung mehr als strenge Strafen! Und Obst & Gemüse zu kaufen, ist immer noch preisgünstiger als irgendwelche Fertiggerichte. Aus eigener Erfahrung weiß ich, dass Kinder nicht so gern etwas Eingebranntes (mit Mehl & Butter) essen, sondern lieber etwas Gedünstetes. Dann behalten Karotten und anderes Gemüse auch die frische Farbe. Bei totgekochter Pampe kam mir immer das Grausen. BÄH!!

Tipp Nr. 119: Kaufen Sie Kinderkleidung immer eine Nummer größer!

Egal ob Oberbekleidung, Schuhe oder auch nötige Unterwäsche, kaufen Sie das alles immer eine Nummer größer. Erstens wachsen die lieben Kleinen wie die Spargel und zweitens sind ihnen die Kleider, Hosen, Pullis usw. auch viel bequemer und sie können sich in den neuen Sachen besser rühren.

Tipp Nr. 120: Kaufen Sie in der Kinderabteilung eines Secondhand-Shops ein!

Dort bekommen Sie alles Gewünschte viel billiger und müssen sich nicht ärgern, wenn Kindersachen soviel kosten wie Erwachsenenkleidung.

Tipp Nr. 121: Beanspruchen Sie Kinderkleidung aus der Sozialservicestelle, in Wien aus der Magistratsabteilung 11 - Jugendhilfe!

Es ist durchaus keine Schande mehr, wenn Sie Ihren Kindern nicht die neueste, völlig überteuerte Kleidung in diversen Modehäusern kaufen können. Im Gegenteil, Sie treffen dort bei der Sozialservicestelle sicher einige Ihrer Bekannten aus der Nachbarschaft, die sich dort ebenfalls die richtige Bekleidung für den Nachwuchs aussuchen.

Hier noch ein medizinischer Rat: Ersparen Sie Ihrem Kind eine Mandeloperation! Es starben schon so viele Kleinkinder daran, dass man in Österreich sogar das Alter anhob, ab dem operiert werden darf. Es werden oft Blutgefäße angeritzt oder das Zäpfchen weggeschnitten. Eine Studie besagt auch, dass viele Krebskranke keine Mandeln mehr hatten. Und Halsweh bekommt man auch nach so einer unnötigen OP. Schon meiner Oma wurde für meine Mutter und dieser für mich eine solche empfohlen und wir leben mit unseren Mandeln immer noch gesund & munter - obwohl meine Mutter Kettenraucherin ist.

Haustiere müssen nicht viel kosten

Wer das Glück hatte, mit einem Haustier aufgewachsen zu sein, der wird auch später bestimmt auf die Treue und die bedingungslose Liebe eines solchen Mitbewohners nicht verzichten wollen. Außerdem stellen unsere tierischen Freunde faktisch einen Therapeuten von Mutter Natur dar, senken den Stresspegel und ersetzen oft den Feuermelder und die Alarmanlage.

Tipp Nr. 122: Rechnen Sie vor der Anschaffung durch, was Ihr Haustier kostet!

Auch ein kleines Nagetier verbraucht über das Jahr Futter & Nestbedarf im Wert von bis zu 300 Euro! Da sind Tierarztkosten noch gar nicht mit eingerechnet.

Schon bei der Anschaffung des Tieres Ihrer Wahl lässt sich sparen. Denn Haustiere sind auch Sparschweine, aus denen Sie das hineingesteckte Geld leider nicht wieder herausbekommen.

Tipp Nr. 123: Kaufen Sie keine teuren Rassetiere!

Sie müssen dem Züchter ein Heidengeld aushändigen, wenn Sie sich ein Rassetier bei ihm aussuchen. Daher rate ich auch davon ab. Mischlinge sind außerdem sehr viel schlauer als überzüchtete Hunde und Katzen. Ein süßer Mops beispielsweise ist einer Qualzucht angehörig und atmet oft nur röchelnd, was dann eine sündteure Operation erfordert. Schäferhunde leiden oft an Hüftluxation und Dalmatiner, die einen hohen Weißanteil im Fell aufweisen, sind meist taub. Aber auch andere Rassehunde sind ausgesprochen empfindlich. Hier eine ganz kurze Zusammenfassung der Beträge, die eine Bekannte von mir für ihr Yorkshire-Terrier-Weibchen blechen musste: Das Hundchen fiel vom Sofa und brach sich das Bein, was mit 800 Euro zu Buche schlug. Die Kastration für das Weibchen kostete sie dann noch 1.500 Euro - und das war angeblich schon ein Freundschaftspreis. Und die Sache liegt bereits über zehn Jahre zurück, seither haben sich die Preise beim Tierarzt sicher schon verdoppelt.

Verstehen Sie mich bitte nicht falsch, ich will Sie keinesfalls davon abhalten, sich einen Vierbeiner, Fisch oder gefiederten Freund zuzulegen, aber bedenken Sie gleich zu Anfang dabei, was Sie der neue Hausgeselle kosten wird. Mit einer klugen Anschaffung können Sie weitere noch folgende Kosten minimieren.

Tipp Nr. 124: Kaufen Sie Tiere niemals im Internet!

Die Enttäuschungen, die solchen Internet-Anschaffungen folgen, sind Legion! Leider reicht die Palette von Missgriffen auf zahlreichen Internetportalen von einfachem Betrug, wo der angebliche Tierhändler im Ausland sitzt und Ihr Geld ohne Gegenleistung und Zugriff unserer Exekutive einfach einstreifen kann, bis zur Lieferung kranker oder überzüchteter Tiere, deren Behandlung Sie ein Vermögen kostet.

Tipp Nr. 125: Kaufen Sie nie bei Händlern, die Sie auf der Straße ansprechen und Ihnen die Welpen aus dem Kofferraum anbieten!

Diese armen Welpen wurden viel zu früh den Muttertieren entrissen und weisen daher bald Verhaltensstörungen auf.

Tipp Nr. 126: Kaufen Sie keinen Exoten!

Für einen Papagei müssen neun Artgenosse auf dem Transport nach Europa sterben. Ähnlich sieht es auch für tropische Fische, Frösche und Schlangen aus. Außerdem müssen Sie die hohen Stromkosten für die benötigte Wärme dieser Tropentiere bedenken.

Tipp Nr. 127: Holen Sie sich einen tierischen Freund aus dem Tierschutzhaus!

Dort erfahren Sie auch alles über dessen artgerechte Haltung & Pflege. Hunde, die eine zweite Chance bekommen, sind extrem dankbar. Da können Sie jeden Hundetrainer fragen, der Ihnen das gerne bestätigen wird. Auch ist es ein Ammenmärchen, dass Tiere aus dem Tierschutzhaus Parasiten haben. Das dortige Personal ist auf eine artgerechte

Behandlung geschult und wird durch Spenden und Nachlässe alter Damen und Herren motiviert, die vierbeinigen Freunde zu achten und zu pflegen.

Dennoch sollten Sie schon bei der Aufnahme eines Tieres aus dem Tierheim darauf achten, dass der neue Gefährte bereits kastriert, geimpft und entwurmt ist. Versuchen Sie noch etwas extra für ihren neuen Liebling von der Leitung der Institution herauszuschlagen, wenn Sie ihn aus dem seelische Elend im überfüllten Tierheim herausholen. Etwa eine Leine für den Hund, ein Körbchen für die Katze oder einen Kleintierkäfig für den Hasen, den Hamster und das Meerschweinchen. Viele Tiere werden nämlich mit ihren 'Eigenheimen' abgegeben.

Tipp Nr. 128: Kaufen Sie keine Kleidung oder Spielzeug für den tierischen Freund in einem Geschäft!

Ein Hund mit Fell braucht kein Jäckchen, auch wenn es hübscher aussieht. Und eine Katze braucht für den Besuch des Oktoberfestes in kein Dirndl gezwängt werden! Sie sind doch kein oberflächlicher Mensch, der einen Hund oder eine Katze noch verschönern will. Und als Spielzeug eignen sich für die Vierbeiner einfache Dinge wie Dosen oder Tennisbälle, die Sie in der Nähe eines Tennisplatzes finden können. Keine

Quietsche-Entchen oder sonstigen Schnickschnack, der das Tier nur fünf Minuten erfreut und Sie dann ärgert, wenn Sie barfuß draufsteigen.

Tipp Nr. 129: Kaufen Sie keine teuren Betten oder Näpfe für Ihr Haustier.

Vorsicht, liebe Tierfreunde! Es gibt tatsächlich Firmen, die Ihnen *Orthopädische Hundebetten* einreden, die angeblich für die Gesundheit & Bequemlichkeit Ihres geliebten Wau-Waus oder der Mieze unentbehrlich sind! Natürlich braucht ein Hund oder eine Katze kein solches Gesundheitsbett, um sich bei Ihnen wohlzufühlen. Hunde sind nicht so wählerisch in ihrer Liegestatt wie wir Menschen und freuen sich auch über einen abgewetzten Teppich oder eine verfilzte Decke, solange sie nur in der Nähe ihres Frauchens oder Herrchens darauf liegen dürfen! Und Katzen finden den Platz neben Ihnen auf dem Sofa als himmlisch.

Des gleichen brauchen Tiere keinen speziellen Napf, aus dem sie ihr Futter fressen. Es tut auch ein Teller, den Sie nicht mehr brauchen, weil er am Rand etwas abgesprungen ist. Oder eine unansehnlich gewordene Schüssel oder auch ein Untersetzter für das Kätzchen. Es legt keinen Wert auf Meissner Porzellan, sondern nur auf

nahrhaftes Futter - siehe Kapitel
Tiernahrungs-Tipps.

Tipp Nr. 130: Anstatt sich ein eigenes Tier
zu kaufen, bieten Sie dem Tierschutzhaus Ihre
Dienste an!

Im Tierschutzhaus hungern Hunde nach
Liebe und einem Menschen, der sie ein wenig
Gassi führt. Desgleichen sind die oft
ehrenamtlichen Angestellten froh, wenn Sie
sich bereiterklären, mit einem Lumpi oder
Nero eine Stunde am Tag spazieren zu gehen.
Wer weiß, vielleicht erwächst daraus ja noch
der Wunsch bei Ihnen, ihn ganz zu sich zu
holen, denn eventuell bietet Ihnen das
Tierschutzhaus an, Sie beim Futterkauf zu
unterstützen. (Solche Vereine bekommen
Futter oft in Bausch & Bogen viel billiger als
Sie als Einzelperson.)

Transport leicht gemacht

Gleich ohne lange Vorrede: Wer rastet, der
rostet! Sie sollten Ihre Beinmuskeln nicht
verkümmern lassen.

Tipp Nr. 131: Verkaufen Sie Ihr Auto,
solange Sie noch etwas dafür kriegen können!

Die Benzinpreise steigen nicht nur, sie
explodieren förmlich. Dazu die Parkgebühren,
Strafen für Tempo-Überschreitung,
Reparaturen und sonstigen Schnickschnack,

mit dem Sie Ihre Heilige Kuh aufmotzen wollen, nur um Leuten zu gefallen, die Sie gar nicht mögen!

Tipp Nr. 132: Nutzen Sie öffentliche Verkehrsmittel!

Ich bin auch nicht von öffentlichen Verkehrsmitteln begeistert, musste aber zugeben, dass man sich damit eine Menge Ärger und Geld erspart. Und am liebsten gehe ich noch immer zu Fuß, da das auch meinen Geist beflügelt und meiner Gesundheit ausgesprochen guttut! Jeder Mensch sollte sich täglich mindestens eine halbe Stunde an der frischen Luft bewegen. Schon Kaiser Wilhelm II. meinte: "Das Auto ist eine vorübergehende Erscheinung. Ich glaube an das Pferd." Das heißt natürlich nicht, dass Sie sich jetzt ein Pferd zulegen sollen, es heißt nur, dass Sie selbst auf Schusters Rappen in die Gänge kommen sollen. Denn tägliche Bewegung fördert Ihre Gesundheit, fragen Sie Ihren Arzt, wenn Sie mir nicht glauben!

Wenn Sie sich schon einmal eine Benzinkutsche zugelegt haben und nicht verkaufen können, dann suchen Sie sich immer die billigste Tankstelle aus.

Tipp Nr. 133: Tanken Sie vormittags, wo es meist günstiger ist!

Die Tankstellen dürfen die Preise nur einmal pro Tag anheben, um 12 Uhr. Daher sollten Sie dieses Wissen nutzen und frühmorgens bis vormittags zum Tanken fahren. Die billigsten Wochentage beim Tanken sind Sonn- und Montag. Um Sprit zu sparen, bietet sich zudem an, den Wagen nicht als Vorratsraum für Toilettenpapier, Spielzeug, Bierkisten oder Tiernahrung zu verwenden. Auch Dachträger sollten Sie nach Gebrauch immer abmontieren. Wenn Sie das Gewicht im Auto reduzieren, vorausschauend fahren und den Reifendruck kontrollieren sowie elektrische Verbraucher wie Heizung, Klimaanlage usw. nicht überbeanspruchen, sparen Sie auch bei der Tankladung und deren Kosten.

Tipp Nr. 134: Verzichten Sie wenn möglich ganz auf das Auto!

Es ist auch für Ihre Gesundheit förderlich, wenn Sie tägliche Wege per Pedes zurücklegen.

Eine Freundin von mir beklagte sich immer wieder, dass Sie keinen Parkplatz bekäme und schon wieder ein Kilo zugenommen hätte, worauf ich ihr riet, mit bequemen Schuhen zu Fuß an ihr Ziel zu spazieren, dort die Schuhe zu wechseln und das hatte den Effekt, dass sie auch den überschüssigen Kilo Körperfett verlor. So einfach lassen sich Probleme lösen, wenn man flexibel und einsichtig ist.

Tipp Nr. 135: Gründen Sie Fahrgemeinschaften mit Ihren Arbeitskollegen!

Es kommt oft vor, dass man den gleichen Weg zur Arbeit hat und sich dort angekommen über mangelnde Parkplätze ärgert. Das können Sie mit einer kleinen Umfrage an Ihrem Arbeitsplatz verhindern. Sicher finden Sie einen Kollegen oder eine Kollegin, die Sie gern mitnimmt. Oder Sie können jemand davon überreden, mit Ihnen zu Fuß zur Firma zu spazieren, weil Bewegung in der Gruppe mehr Spaß macht.

Apropos Bewegung - die muss nicht immer etwas kosten.

Tipp Nr. 136: Melden Sie sich vom Fitness-Center ab!

Erstens, weil Sie ohnehin wenig hingehen mögen, da man immer den Schweiß der andern einatmen muss, und zweitens, weil es ganz schön ins Geld geht. Sie können beim schnellen Gehen in bequemen Schuhen auch etwas für Ihre Fitness tun und beim Joggen durch den Park Ihre Kondition aufrecht erhalten. Sollten Sie erst anfangen wollen, dann rate ich: Fangen Sie (nachdem Ihr Arzt Ihre Gesundheit festgestellt hat) erst mit 10 Minuten flotten (langsamen) Gehens (Laufens) an, erhöhen Sie dann alle zwei Tage um 5 Minuten. Falls Sie schnell müde werden, alle vier Tage. Bis Sie letztendlich 30 Minuten erreicht haben, an denen Sie locker und ohne aus der Puste zu kommen, entspannt schnell gehen oder laufen können. Schon der weise Konfuzius (551-479 v. Chr.) sagte: "Es ist nicht wichtig, wie langsam du gehst, sofern du nicht stehen bleibst."

Tipp Nr. 137: Ersparen Sie sich ein teures Spa!

Wie Sie müde Beine und damit Ihre ganze Physis munter machen können? Das geht auch mit einem Wechselfußbad: Jeweils einen Kübel mit warmen (38 Grad) und kaltem (15 Grad) Wasser füllen. Nach 5 Minuten im warmen Wasser stellen Sie Ihre Füße für 10 Sekunden ins kalte Wasser (das bringt rasch Ihren Blutfluss in Schwung) und wiederholen Sie den Vorgang mehrmals. Danach gut abtrocknen und eincremen - es tut auch ein billiges Öl, welches in die aufgeweichte Haut leicht einziehen kann. Das ersetzt allerdings nicht das tägliche Spazierengehen, sondern hilft Ihnen dabei, es ausgiebiger zu genießen.

Gewohnheiten dem Geldsparen anpassen

Liebe Sparfüchsin, lieber Sparfuchs, Sie können sich mit eingelernten Gewohnheiten ganz leicht gegen das oft gefährliche Entgleiten Ihres Bargeldes erwehren! Die

Anfangsphase mag schwierig für Sie sein, doch der Mensch gewöhnt sich an alles und ist dann sehr froh über die Ausbeute. Sie brauchen auch nicht gleich Ihr gesamtes Leben neu durchzutakten, es reichen kleine, oft sehr einfache Einschnitte darin, also einschneidende und wirksame Maßnahmen. Zumeist sind wir oft noch ganz dem in Gelddingen zu lockeren Erziehungsprogramm unserer Eltern verhaftet, denen es wirtschaftlich noch besser ging, die nicht drei, vier Jobs annehmen mussten, um die Lebenshaltungskosten zu stemmen. SIE - und nur SIE mit Ihrem starken Willen - können dieses alte Programm überschreiben, indem Sie Stück für Stück neue Sparschritte darin verankern.

Tipp Nr. 138: Schon beim Griff nach dem Produkt mitrechnen und mit den weiteren Produkten summieren!

Damit Sie nicht zuviel einkaufen, können Sie sich einen fixen Betrag - sagen wir einfach zehn Euro - auszugeben vornehmen. Nun rechnen Sie bei jedem Produkt, das Sie in den Einkaufswagen werfen, mit, bis Sie auf die zehn Euro kommen. So gibt es auch an der Kassa keinen Schreck, wenn Sie merken, Sie haben gar nicht soviel Geld mit.

Tipp Nr. 139: An der Supermarktkasse immer das Retourgeld kontrollieren und den

Kassenzettel immer mitnehmen, um auf Richtigkeit mit den Artikeln kontrollieren!

Lassen Sie sich von nervösen Angestellten mit deren kritischen Blicken nur nicht zu rasch von der Kassa verscheuchen, denn Sie sind ja kein D-Zug! Immer genau nachzählen, auch wenn man Ihnen extra viele Münzen anstatt Scheine herausgibt - da besonders! Die Kassierin oder der Kassierer kann sich irren oder einfach abgelenkt oder kriminell veranlagt oder auch zu einfältig sein, um richtig herauszugeben. Lassen Sie sich auch nicht von den hinter Ihnen stehenden, nervös agierenden Kunden zur Eile antreiben oder vorzeitig von der Kasse verdrängen. Es geht um IHR Geld! Sie mussten schließlich auch warten.

Tipp Nr. 140: Führen Sie ein Haushaltsbuch, in das Sie alles, was Sie kaufen müssen, korrekt eintragen!

Darüber hinaus sollten Sie natürlich auch überprüfen, was Sie tatsächlich verbraucht haben und was Ihnen zur Entsorgung übrigblieb. Daraus können Sie schließen, wie viel Sie nächstes Mal kaufen müssen, um nur ja keinen Überschuss mehr zu erzielen.

Tipp Nr. 141: Lassen Sie sich von anderen nicht zum Geldausgeben verleiten!

Aus eigener Erfahrung kenne ich Situationen, wo man mit andern zusammen ist - man geht miteinander einkaufen und wird von der lustigen Begleitung animiert, doch dieses oder jenes zu kaufen, weil es einem so toll steht oder weil es einem bestimmt gut schmecken wird und so weiter... Mein Rat ist, die guten Ratschläge zum Kauf von was auch immer höflich, aber bestimmt abzulehnen. Sie werden sich wundern, was dann an Geld in Ihrer Börse verbleibt. Fürchten Sie nur nicht, in der Achtung Ihrer Begleitung zu sinken, diese Leute verfügen oft über beträchtlich mehr an Kapital und können daher ganz andere Dispositionen treffen. Oder sie haben schon so viele Schulden, dass sie längst den Überblick darüber verloren haben und die Frechheit, sich das nicht im geringsten anmerken zu lassen. Da fällt mir der Spruch ein: *Ist der Ruf erst ruiniert, lebt sichs gänzlich ungeniert.* Solche haltlosen Leute, die jedoch durchaus amüsant sein können, ziehen Sie nur runter, und zwar noch mit einem spöttischen Lächeln im Gesicht!

Tipp Nr. 142: Versuchen Sie nie mit wohlhabenden oder reichen Nachbarn zu konkurrieren!

Leider ist die Versuchung groß, dem Nachbarn oder der Nachbarin zu zeigen, dass man auch mit ihnen mithalten kann. Das kostet allerdings mehr als es an Befriedigung einbringt. Wenn der Nachbar ein neues Auto vor der Haustür stehen hat, muss das nicht heißen, dass er es sich auch verdient hat. Es kann einem Kredit entstammen, der demnächst fällig ist und dann vom Repo-Mann abgeholt wird. Oder der Luxuswagen kann gestohlen sein, weil Ihr Nachbar das Risiko liebt. Und wenn die Nachbarin im teuren Nerzmantel herumspaziert, kann es ein Erbstück deren Tante sein oder auch die Ausbeute eines Kürschner-Einbruches. Ganz abgesehen davon, dass Sie beim Kauf eines Pelzes die Wut von militanten Tierschützern auf sich ziehen.

Nahrung nicht überbewerten

Allgemein wird behauptet, dass man beim Essen nicht sparen kann. Doch, behaupte ich! Gerade bei der Nahrung, die jeder von uns braucht, können Sie - noch dazu bei so vielen Supermärkten, die miteinander konkurrieren - einiges an Geldausgaben verhindern, sofern Sie beim Einkauf klug taktieren und nicht in die Fallen der Märkte tappen, wie z. B. angebliche Sonderangebote, künstliche Verknappung (Nur noch wenige Artikel vorhanden!), billige Familienpackungen, die sich für Singles dann doch als ungünstig herausstellen, Angebot des Tages, angeblich günstige Einführungspreise usw.

Tipp Nr. 143: Greifen Sie im Supermarkt zu verbilligter Ware!

Es ist in jedem Supermarkt üblich, bald ablaufende Ware um 25 oder sogar 50 % billiger abzugeben. Greifen Sie zu, denn die Ware ist noch in Ordnung. Das Mindesthaltbarkeitsdatum kann ruhig überschritten werden. Sie müssen also die Sachen nicht sofort essen. Aber kaufen Sie dennoch nur, was Sie auch brauchen, bzw. was auf Ihrer Einkaufsliste steht!

Tipp Nr. 144: Rechnen Sie immer die Preise für Mehrfachpackungen nach!

Es gibt den amüsanten Fall, wo Supermärkte großartig plakatiert Mehrfachpackungen zu einem Preis anbieten, der sich als höher herausstellt, als wenn man die Ware einzeln kaufen würde. Manchmal steht es sogar extra groß auf der Tafel: **AKTIONSPACK:** *3 PAAR WÜRSTEL zu je 2 €* *UM NUR* **7 €!** Wenn man da nicht nachrechnet, dann gerät man in die Falle und glaubt, noch etwas gespart zu haben. Für viele ist die 7 noch dazu ihre Glückszahl. - Ehrlich gesagt: Ich rechne auch nicht gern, aber ich muss leider. Und das kleine Einmaleins schaff ich zum Glück noch!

Tipp Nr. 145: Essen Sie häufig Bohnen mit Speck!

Um billige Sättigung zu erzielen, die auch der Gesundheit nicht abträglich ist, sollten Sie zu diesem einfachen Gericht greifen. In England ist es üblich, schon zum Breakfast zu Bohnen zu greifen. Sogar in teuren Internaten wird diese sehr einfache Speise am Frühstücksbuffet gereicht und die Schüler greifen herzhaft zu, da sie dann bis nachmittags satt sind.

Tipp Nr. 146: Essen Sie öfters das gute Sardinenbrot! Die Dose Sardinen ist billig und auch das Brot erhalten Sie im Supermarkt vom Vortag um 50 % verbilligt, was den Vorteil hat, dass es dann weniger blähend wirkt als frisch gekauft! Das mit Sardinen belegte Brot ist ebenfalls sehr nahrhaft, gesund, sättigend und preiswert.

Veganer haben es da schon schwerer, da sie auf teures Obst & Gemüse angewiesen sind. Doch hier kommt

Tipp Nr. 147: Plündern Sie die Bio-Tonne!

Sehr oft werden Früchte einfach entsorgt, weil sie entweder zu klein, zu verbogen, zu fleckig oder sonstwie den Ansprüchen der Kunden zu gering sind. Viele Kunden werfen Bananen weg, weil schon einige braune Flecken die gelben Schalen verunzieren. Dabei schmecken sie dann erst so richtig! Außerdem kann man aus braun gewordenen Bananen herrliches Frappée herstellen. Einfach in den Mixer tun und Milch (für Veganer Reismilch, Sojamilch oder einfach Wasser mit einem guten Tropfen Öl) hinzufügen und schon ist ein delikater Smoothie fertig.

Tipp Nr. 148: Bieten Sie Gärtnern an, ihnen bei der Ernte zu helfen.

Viele Kleingärtner sind schon alt und freuen sich, wenn Sie ihnen anbieten, ihre Zwetschken-, Marillen-, Birn- oder Apfelbäume abzupflücken. Dafür erhalten Sie kiloweise das gute Obst und können daraus Kuchen, Kompotte oder Aufläufe zubereiten.

Tiernahrungs-Tipps

Es ist natürlich schwer, auf unsere Fellnasen und gefiederten Freunde zu verzichten, obwohl sie uns ziemlich auf der Tasche liegen. Manche Tiere (vor allem Exoten) benötigen sogar Spezialfutter, was sich preislich nochmals schwer niederschlägt. Für die Nahrung empfehle ich vor allem artgerechtes preiswertes Futter.

Tipp Nr. 149: Fragen Sie Ihren Metzger um Fleischreste, die er ohnedies wegwerfen würde! Hunde sowie Katzen stürzen sich auf rohes Fleisch und es entspricht auch ihrer

Natur, diese einfache Nahrung zu fressen und dann auch ohne Probleme zu verdauen.

Ich kannte eine Nachbarin, die ihrem Yorkshire-Terrier gegrillte Hähnchen kaufte. Erstens kostete sie das eine Stange Geld und zweitens verkürzte sie damit das Leben ihres kleinen Lieblings. Denn das Grillhähnchen war ja für menschliche Genießer gewürzt, was für Hunde äußerst schädlich ist, so auch Schokolade, die das für Hunde tödliche Theobromin enthält! Aber der Tierarzt der Dame hat wahre Freudentänze aufgeführt. Ein Besuch bei ihm wegen der Magenverstimmungen und des Dünnschisses kostete im Durchschnitt 45 Euro. Sie fütterte aber weiter, weil sie der kleine Hund so treuherzig anguckte. So ähnlich erging es auch meiner Cousine, die ihren King George-Spaniel mit Beuschel (Lungenhaschee) verwöhnte. Ich empfahl ihr scherzhaft, dem Spaniel noch Serviettenknödel zuzubereiten.

Kleine Tiere, kleine Kosten. Besser noch: keine Kosten!

Tipp Nr. 150: Sammeln Sie für Ihr Meerschweinchen frischen Löwenzahn! Sowohl die grünen Blätter als auch die gelben Blüten werden von den possierlichen Tierchen mit Freude angenommen und verschwinden im Rekordtempo in deren Mäulchen. Außerdem sind diese gesunden Pflanzen praktisch überall zu finden und Sie können sich sogar selbst einen schmackhaften Salat daraus zubereiten.

Tipp Nr. 151: Füttern Sie weder Tauben, noch Enten, noch andere Kulturfolger mit teurem Vogelfutter!

Diese Tiere finden ihr Futter in der Natur selbst, sie brauchen keine menschliche Unterstützung dabei!

Glauben Sie mir, diese teils possierlichen Wildtiere überleben auch ohne von Ihrem Geld gekauften Futter.

Leider wissen sehr wenige Leute, dass viele Vogelmännchen von Mutter Natur gar nicht darauf programmiert wurden, den Winter zu überleben. Bei Enten führt das Füttern der Männchen oft zu Tiertragödien. Die Population von Erpeln steigt und das führt dazu, dass die Entenweibchen im Wasser von zu vielen Männchen bestiegen - also begattet - werden, worauf sie leider ertrinken. Das hat mir ein Biologe einmal verraten.

Desgleichen profitieren Ratten von dem übrig gebliebenen Vogelfutter. Bei uns im Bezirk gibt es sogar drei Damen, die sind so weichhirnig - pardon - weichherzig, dass sie eigentlich einen Sachwalter bräuchten. Denn sie haben keine Familie mehr, sondern suchen bei Tauben und auch bei Ratten, die ihnen in familiärer Weise schon entgegenlaufen, Trost und verwandtschaftliche Gefühle. Das führt dazu, dass diese Schädlinge zutraulich werden und Kinder beißen, welche sie streicheln möchten.

Tipp Nr. 152: Verfüttern Sie auch keine Küchenabfälle!

Dieses Futter ist gar nicht artgerecht und führt dazu, dass in den Mägen der Tiere Gärung stattfindet, was ihnen Unwohlsein und ein kürzeres Leben verschafft. Mit Abfällen Ihrer Küche können Sie die Biotonne füttern.

Bekleidung muss nicht teuer sein

Kleider machen Leute! Und wir brauchen sie, um uns vor Kälte zu schützen und unsere Persönlichkeit sichtbar auszudrücken. Wenn wir alle einfach nur in unserem Geburtstagskostüm herumlaufen würden, könnte das nur für Erregung öffentlichen Ärgernisses sorgen und uns womöglich noch einen Aufenthalt in der Psychiatrie eintragen. Wer will dort schon hin! Und ein Feigenblatt wiederum genügte im Paradies, wir müssen uns schon einiges an Stoff um den Körper wickeln.

Tipp Nr. 153: Kleidung kostengünstig bei Diskontern kaufen!

Grundsätzlich gilt: Kleider machen Leute, aber Designer-Kleider machen arm! Denn es gibt Blusen um 300 Euro und solche um nur 3,99 Euro. Ich weiß, was Sie nun denken: Kinder auf Schiffen werden gezwungen, für ein paar Löffel Reis die Näharbeit zu leisten. Aber sollen fleißige Kinderhände umsonst gearbeitet haben? SIE sind nicht verpflichtet, mit IHREM Geld die Welt zu retten, was auch gar nicht möglich wäre. Und wer sagt, dass Sie unbedingt zu Kleidern & Blusen greifen müssen, die unter den Etiketten mit großen Namen ein großes finanzielles Gewicht zulegen, erstehen müssen?

Tipp Nr. 154: Kaufen Sie nichts aus Seide!

Seide ist zwar hautfreundlich, aber brieftaschenfeindlich sowie ziemlich pflegeaufwendig und leider auch kaum waschmaschinentauglich. Beim Bügeln merken Sie spätestens, dass Sie sich ein Problemstück eingehandelt haben. Denn auch, wenn Sie es bügeln dürfen - laut dem Etikett - kann es Ihnen passieren, dass es auch bei niederer Temperatur am Bügeleisen kleben bleibt. Wenn Sie so ein Stück schon billig bekommen, dann bügeln Sie es nach dem Waschen zur Sicherheit mit einem weißen Geschirrtuch darüber.

Tipp Nr. 155: Kaufen Sie ruhigen Gewissens in Billigläden wie z. B. Ein-Euro-Shops ein.

Die dort angebotene Ware hat zwar kein Markenzeichen, doch kann punkto Qualität durchaus mit hochpreisigen Stücken mithalten, wenn sie pflegerichtig behandelt wird - also keinesfalls heiß waschen oder im Trockner schrumpfen lassen, möglichst auch nicht bügeln.

Kleidung unterstreicht auch immer unseren Typ und drückt unsere Persönlichkeit aus. Aber es sollte doch eher unaufdringlich erfolgen.

Tipp Nr. 156: Kaufen Sie keine grellen Farben und/oder wirre Muster!

Greifen Sie eher zu gedeckten, zeitlosen Farben, die Sie bedenkenlos mehrere Saisonen tragen können und die zudem noch jeder Figur mehr schmeicheln als quietsch-bunte psychedelische Muster.

Es gibt viele Leute, die sich das ganze Jahr die Butter vom Brot sparen, damit sie Millionäre noch reicher machen und sich Designerkleidung leisten können. Verschwender!

Tipp Nr. 157: Kaufen Sie niemals Designerkleidung!

Nicht nur, dass solche Stücke völlig überteuert sind, kommen sie auch schnell aus der Mode, da ja jede Saison eine neue Kollektion auf den Markt drängt. Sie werden zwar in solchen Edel-Klamotten von Fremden reich eingeschätzt, von engen Freunden und Verwandten aber insgeheim als Verschwender verfemt.

Nochmals: Trotz Verlockung lieber keine Designerware kaufen, Sie bezahlen ausschließlich für den Namen des Designers und bekommen die Kleidung in ähnlicher Qualität in Billigläden! Und Sie sind doch kein Mensch, der sich über Statussymbole definiert?!

Tipp Nr. 158: Kaufen Sie nicht zuviel Kleidung!

Im Durchschnitt kauft jeder Konsument 60 % mehr Kleidungsstücke und behält sie nur halb so lange wie noch vor 15 Jahren. Laut Greenpeace-Umfrage besitzt eine 14-69jährige Person im Durchschnitt ganze 85 Oberbekleidungsstücke! Viele davon werden sogar ungetragen nach kurzer Zeit entsorgt. Eine Tonne Altkleider zu entsorgen, kostet ganze 200 Euro! Das muss nicht sein.

Tipp Nr. 159: Überlegen Sie gut, was Sie wirklich brauchen und probieren Sie das Stück immer im Geschäft, um sich langwierigen Umtausch zu ersparen!

Nehmen Sie sich genug Zeit, Ihr Geld in Kleidung anzulegen, die Sie lange und gerne tragen.

Tipp Nr. 160: Kaufen Sie in Secondhand-Läden ein!

Die Kleider dort sind zum Teil neuwertig oder nur einmal getragen, gereinigt und noch dazu modern. Vintage und Retro kommt oft nie aus der Mode. Ich konnte schon etliche Stücke zum Schnäppchenpreis ergattern, die mir lange Freude bereiteten.

Tipp Nr. 161: Nutzen Sie Tauschbörsen!

Tauschbörsen eigenen sich nicht nur für Wintersport-Utensilien wie Ski- oder Eislaufschuhe. Es landen dort immer auch gute Stücke von Bekleidung, die zu Weihnachten oder Geburtstagen verschenkt wurden und dem Beschenkten entweder nicht passten oder gefielen. Sicher haben Sie daheim eine Bluse, die Sie gegen ein Kleid tauschen können oder umgekehrt.

Tipp Nr. 162: Machen Sie aus kaputten Blusen und Hemden nützliche Staubtücher!

Anstatt zerrissene oder beim Bügeln verbrannte Blusen und Hemden wegzuwerfen, zerschneiden Sie diese und haben ein gratis Staubtuch parat.

Tipp Nr. 163: 'Takeln' Sie sich nicht auf!

Weniger ist mehr, Sie brauchen nicht ein Tuch, darüber einen Schal und an den Händen klimpernden Schmuck!

Bedenken Sie, was die großartige Coco Chanel über Stil sagte: "Lassen Sie ein Accessoir weg!"

Tipp Nr. 164: Kaufen Sie keine Accessoires!

Sie benötigen zur Unterstreichung Ihres Typs kein Chi-Chi wie Ansteckblumen, billigen Modeschmuck wie falsche Perlenketten, Plastikarmreifen, usw. oder bunte Broschen und Haarspangen.

Tipp Nr. 165: Kaufen Sie keine Markenkleidung!

Mit dem Kauf von den üblichen Produkten, die zwar schön aussehen und auch Qualität haben, machen Sie Millionäre noch reicher, wo Ihnen ein No-Name-Produkt denselben Dienst erweist.

Tipp Nr. 166: Kaufen Sie keine Pelze, machen Sie Tiere nicht noch unglücklicher!

Pelze machen meist noch dazu dick und alt. Im Zeitalter der Erderwärmung verlieren sie auch ihren ursprünglichen Zweck.

Tipp Nr. 167: Tragen Sie Gummistiefel bei Regen und im Winter!

Im Winter trage ich stets wasserdichte Gummistiefel, die preisgünstig und widerstandsfähig sind und genug Platz für dicke Socken bei Minusgraden lassen. Wer repräsentieren muss, der ist auf meine Spar-Tipps eh nicht angewiesen und kann sein Geld nach Belieben aus dem Fenster werfen.

Tipp Nr. 168: Wenn Sie Kleidung kaufen, dann versuchen Sie Mengenrabatt zu bekommen.

Sollten Sie sich für eine Reise mehrere Kleidungsstücke kaufen müssen, dann wäre das eine ideale Gelegenheit, mit der Verkäuferin oder deren Vorgesetzter einen angemessenen Mengenrabatt auszuhandeln. Viele Geschäfte bieten auch drei Stück/Paar zum Preis von zweien an. Sie können außerdem die Hilfe einer Freundin oder Verwandten in Anspruch nehmen, um mit ihr gemeinsam einzukaufen, um dann die Stücke auf eine Rechnung zu setzen und den Mengenrabatt einzustreifen.

Es gibt doch tatsächlich Frauen, die Strumpfhosen einfach wegwerfen, sobald sich eine Laufmasche darin bildet.

Tipp Nr. 169: Stopfen Sie Laufmaschen!

Entweder man flickt die Strumpfhose sorgfältig, stoppt die Laufmasche mit Uhu, oder man trägt die verunzierte Strumpfhose fürderhin unter der langen Hose. Es sieht ja keiner und es ist auch nicht anzunehmen, dass man in der Öffentlichkeit plötzlich gezwungen wird, sich auszuziehen. Unter der Jeans sitzt die kaputte Strumpfhose genauso bequem und wärmend wie eine nicht kaputte. Warum also eine neue Strumpfhose kaufen? Naja, sie kostet ja ganz billig, werden Sie jetzt vielleicht sagen. Sicher, sage ich, aber addieren Sie mal die Summe aller Strumpfhosen-Kosten zusammen am Ende des Jahres! Da werden Sie nicht schlecht staunen. Nehmen wir an, Sie erwerben eine um nur 99 Cent - runden wir einfach auf einen Euro auf. Sie kaufen also wöchentlich nur eine Neue und haben am Ende des Jahres 52 Euro dafür verschwendet! Ich gebe meine Strumpfhosen zum Waschen auch immer in einen Socken, damit sie in der Waschmaschine keinen Schaden nehmen - funktioniert prächtig! Als Kind beobachtete ich, wie eine verwöhnte Schulkollegin nach dem Turnunterricht ihre Strumpfhose wegwarf, weil diese eine winzige Laufmasche an der Ferse hatte. Ich holte sie jedoch wieder aus dem Abfallkorb, um sie nach Hause zu bringen, wo sie gewaschen und geflickt wurde. Noch etliche Wochen konnte ich sie tragen. Meine Oma lobte mich für meine Tat und gab mir Münz-Futter für mein Sparschweinchen. Ich schreibe das nur, damit Sie sehen, wie prägend solche Kindheitserlebnisse im weiteren Umgang mit Geld sein können.

Tipp Nr. 170: Ermutigen Sie auch Ihr Kind zu einem sparsamen Umgang mit seinen Spiel- und Anziehsachen!

Denn das macht das Leben für Ihren kleinen Liebling um vieles leichter. Und in der Folge für Sie ebenfalls!

Noch etwas Wichtiges, was viele übersehen/ überhören:

Tipp Nr. 171: Lassen Sie sich nichts einreden!

Weder von Verwandten, von sogenannten Freundinnen oder von Nachbarn, Arbeitskollegen und sonst noch angeblich wohlmeinenden Personen! Eine Tante beschwor mich tatsächlich einmal: "Du brauchst dringend eine neue Handtasche, mein Kind!" Darauf ich: "Ja, kaufst du mir eine?" Und schon war sie still wie ein Friedhof!

Anderes Thema: Es regnet und Sie haben keinen Schirm. Sie werden doch nicht etwa einen kaufen?

Tipp Nr. 172: Holen Sie sich einen Schirm im Fundbüro ab!

Sie glauben gar nicht, wie viele Leute ihren Schirm irgendwo vergessen und dann nie wieder versuchen, ihn abzuholen. Also können Sie ganz unbesorgt ins Fundbüro marschieren und dort freundlich sagen: "Ich hab meinen Schirm schon vor längerer Zeit verloren und jetzt erst bräuchte ich ihn." - Fragt man Sie nach dessen Aussehen, dann sagen Sie einfach: "Er war kariert und hatte einen Kunststoffgriff." - Dann führt man Sie zu einer Stellage, wo solche Exponate vertreten sind und Sie suchen sich einfach einen aus! Wenn Sie nun meinen: Das ist mir zu anstrengend, zu umständlich, zu peinlich, zu unangenehm usw., dann dürfen Sie sich nicht wundern, warum in Ihrer Geldbörse oft Ebbe herrscht! Schirme sind außerdem Massenware, daher brauchen Sie nicht zu befürchten, dass Ihnen dann auf einmal jemand nachläuft und behauptet: "HE, das ist MEIN Schirm!"

Kosmetika kommen nicht teuer

Auch zur Bekleidung Ihrer Haut sollten Sie zu Billig-Produkten greifen.

Tipp Nr. 173: Kaufen Sie Eigenprodukte des Drogeriemarktes!

Die Stiftung Warentest fand nämlich öfters heraus, dass viele diverse preisgünstige Drogeriemarkt-Eigenprodukte sogar besser als Markenkosmetika sind! Bei eingehenden Testreihen schnitten alle diese Billig-Cremen gleich gut ab. Es ist also nicht von Belang, in welchem Drogeriemarkt Sie einkaufen, denn diese Firmen bestellen ihre Ware oft in derselben Fabrik, nur die Verpackung ist unterschiedlich. Und es gibt sie noch dazu für alle Hauttypen. Getestet, hypoallergen und EU-konform.

Tipp Nr. 174: Bitten Sie in Apotheken um Muster!

In Apotheken müssen wir alle hin und wieder, um Rezepte abzuholen. Doch bei dieser günstigen Gelegenheit kann man gleich nach Mustern und Proben für Kosmetika fragen. Dann bekommt man von der Frau Magistra kleine Tuben hochwertiger Cremes ausgehändigt, die man dann entweder daheim verwenden, oder auf Reisen mitnehmen kann.

Vorratskauf leicht gemacht

Gleich vorweg zum Thema Vorratskauf für die Zeit nach einem Atomkrieg: Manche Leute sind leicht beeinflussbar und sehr schreckhaft, daher lassen sie sich in meist völlig sinnlose Vorratseinkäufe treiben.

Tipp Nr. 175: Lassen Sie sich von Weltuntergangs-Aposteln nicht zu Massenkonservenkäufen drängen, auch wenn Sie dafür vom Supermarkt Mengenrabatt herausschlagen können!

Es ist zwecklos und lästig, die Dosen bis direkt an die Zimmerdecke zu stapeln. Selbst, wenn Sie zu den Menschen gehören, die aus mir unerfindlichen Gründen nach einem Atomkrieg noch einige Monate weiter dahin vegetieren wollen! Sie können Ihr Schicksal leider nicht aufhalten, eventuell nur ein wenig hinausschieben. Es ist wohl günstig, sich einen gewissen Vorrat an Konserven anzulegen, aber nicht in einer derartigen Masse im Hinblick darauf, dass irgendwann schon eine Atombombe von einem irren Diktator über Ihrem Wohngebiet abgeworfen wird! Wenn Sie nach einiger Zeit sehen, Ihr kostbarer Vorrat zeigt schon sein Ende des Ablaufdatums an und es ist immer noch keine Bombe vom Himmel gefallen, dann ärgern Sie sich und müssen rasch zum Vielfraß werden, um nicht eine Unmenge Geld umsonst zum Fenster hinausgeworfen zu haben. Das Ablaufdatum einer Dose kann zwar um einige Monate überschritten werden, doch wird beim Essen dann ein Gefühl der Unsicherheit mit auf den Löffel genommen. Allenfalls können Sie zum Wohltäter mutieren und die Dosen dann Obdachlosen verehren.

Zurück zum ganz normalen alltäglichen Einkauf:

Tipp Nr. 176: Nutzen Sie die Möglichkeit von Kundenkarten und Rabattpickerl!

Es kostet Sie zwar die Herausgabe Ihrer Daten, doch mit Kundenkarten können Sie über das Jahr viel Geld sparen. Auch mit Rabattpickerl können Sie einiges Geld in der Börse behalten.

Tipp Nr. 177: Versuchen Sie, nicht lebensnotwendige Einkäufe zu verschieben.

Verschieben Sie nicht lebensnotwendige Einkäufe so lange, bis Sie draufkommen, dass Sie das ursprünglich Gewollte gar nicht benötigen, um am Leben zu bleiben. Sie benötigen es auch nicht, um danach damit glücklich zu sein oder sich die Spannung beim Gucken der Fußball-WM zu reduzieren. Darunter fallen alle enorm kalorienreichen sehr zuckerhaltigen Leckereien, Knabbergebäck, Kekse, Bonbons, Müsliriegel, Pralinen und dergleichen mehr.

Tipp Nr. 178: Greifen Sie immer zu billigen Lebensmitteln für Ihren Vorratsschrank und auch für den Kühlschrank!

Kaufen Sie vor allem billig ein, z. B. die Eigenmarke des Supermarktes, auch wenn Ihnen diese Produkte weniger schmecken. Das hat den Vorteil, dass Sie dann automatisch weniger davon essen und auch keine teure Diät benötigen, um die angesammelten Kilos wieder herunterzubekommen.

Sie haben die Wahl zwischen einem Mohnstrudel um 2,49 Euro und einem von einem Bäckermeister in gleicher Menge um ganze 5,90 Euro? Der Mohn bleibt so und so zwischen den Zähnen stecken, also wählen Sie einfach den billigeren.

Den Magen überlisten

Tipp Nr. 179: Zur schnelleren Sättigung ein Glas Wasser vor dem Essen trinken!

Es ist eine alte Weisheit, dass sich die Sättigung erst eine halbe Stunde nach dem Essen einstellt (bei manchen Leuten leider auch gar nicht). Daher sollten Sie vor dem Mahl ein Glas Wasser in sich aufnehmen, welches sich schon mal im leeren Magen breit machen kann und Ihnen ein schnelleres Sättigungsgefühl vermitteln kann.

Tipp Nr. 180: Langsam essen!

Sie können mir glauben, es ist ausgesprochen gesundheitsschädlich, wenn Sie das Essen hinunter schlingen, um ein paar Minuten für andere Handlungen - welche das auch immer sein mögen - zu sparen. Essen Sie langsam - auch in einem Fast Food-Lokal - und genießen Sie jeden Bissen. Beim zu schnellen Essen stellt sich kaum Sättigungsgefühl ein und es erhöht sich nur der Stresspegel in Ihrem Blut. Auch der Magen kommt mit der schnellen Lieferung von Lebensmitteln nicht so schnell nach. Es können sich einige Blähungen unangenehm bemerkbar machen. Das alles spricht für ein langsameres Ess-Tempo und verspricht Ihnen mehr Genuss. Schließlich kostet die

Nahrungsaufnahme ja etwas, da kann sie sich schon auch als Genuss herausstellen.

Nun müssen Sie noch etwas gegen den Durst unternehmen:

Tipp Nr. 181: Keine Getränke wie z. B. Softdrinks kaufen!

Das beste Getränk ist immer noch frisches (Hoch-)Quellwasser. Aqua Naturale! Das verhindert auch, dass durch die Plastikflaschen mikroskopisch kleine Plastikpartikel in Ihren Körper kommen. Pro Jahr sind das nämlich zwischen 40.000 und 70.000! Unglaublich, aber wahr! Sollte Ihr Wasser zu kalkhaltig aus der Leitung kommen, dann rate ich dazu es abzukochen. Beim Trinken können Sie sich leicht einbilden, Sie kippen teures Mineralwasser oder sogar Champagner. Erinnern Sie sich an ein romantisches Dinner mit Ihrem Jugendfreund und Ihr Magen wird ins Schwärmen geraten, ungeachtet der Tatsache, dass er nur H_2O geliefert bekommt.

Tipp Nr. 182: Kein Bio-Fleisch kaufen!

Womöglich noch auf einem Bauernmarkt! Viel zu teuer! Und Ihr Magen weiß ja nicht, wo Sie für ihn einkaufen!

Meine Oma selig kaufte in Wien immer gern auf dem wöchentlichen Bio-Markt im 1. Bezirk ein und schwärmte von der Güte des Fleisches, welches sie stets bei ihrem

Lieblingsbauern erwarb, der noch dazu sehr herzlich im Umgang war und immer ein nettes Wort auf den Lippen hatte. Und eines Tages spazierte sie im 3. Bezirk an der Fleischbank vorbei, wo man Fleisch sehr günstig zum Kauf bekam. Und wer kam just in dem Augenblick heraus? Richtig! Der nette Lieblingsbauer, dem eine Kette von Knackwürsten um den Hals hing, mit einigen Plastiksäcken voll billigen Fleisches, dass er dann auf dem Markt als Bio-Eigenware anpries! Meine Oma erzählte mir empört, dass sein feistes Schweinsgesicht sogar etwas peinliche Berührtheit ihr gegenüber zeigte. Ich tröstete sie damit, dass die *Amtliche Fleischbeschau* auch Billigware sehr genau prüft und damit sicherstellt, dass unsere Steaks nicht von Trichinen garniert werden. Und es schmeckt genauso gut wie die angebliche Bio-Ware!

Tipp Nr. 183: Kochen Sie aus den Hühnerknochen eine schmackhafte Suppe.

Wenn Sie ein ganzes Huhn kaufen und es nicht braten oder grillen, sondern sich das Fleisch vom Knochen lösen, um es zu dünsten oder panieren, können Sie die Knochen in einem Liter Wasser, eventuell mit einem Brühwürfel darin, zubereiten. Einfach zugedeckt im Topf zirka 20 Minuten vor sich hinköcheln lassen, abseihen und auf einem Teller anrichten. Schmeckt prima! Eventuell finden Sie auf einem Feld noch eine beim Abernten vergessen Karotte, die Sie dazu hineinschneiden können. Das gibt ein Festessen!

Tipp Nr. 184: Gehen Sie stoppeln!

Stoppeln heißt, sich auf einem abgeernteten Feld auf die Suche nach dem Rest des Gemüses zu machen. Denn der Bauer hat nichts dagegen, wenn Sie sich das nehmen, was die Maschine überlässt. Sollte er sich beschweren, dann bleiben Sie höflich und sagen: "Verzeihen Sie, aber ich bin unverschuldet in Not geraten und machte mich daher auf die Suche nach erstklassigem Bio-Gemüse. Danke für Ihre Höflichkeit." Dann ist er beschämt und gibt Ihnen noch etwas, das er in der Scheune eingelagert hat. Und Ihr Magen dankt es Ihnen auch!

Restaurantbesuche

Es ist oft unvermeidlich, sich in Restaurants zu begeben, nicht etwa, um dort zu essen, sondern um dem Sozialleben zu frönen.

Tipp Nr. 185: Besuchen Sie ein Restaurant nur, sofern Sie eingeladen wurden!

Stellen Sie gleich klar, dass Sie zur Zeit leider nicht über das nötige Budget verfügen, um die Gastronomie zu unterstützen. Wenn es aus beruflichen oder auch gesellschaftlichen Verpflichtungen vonnöten ist, sich in einem Restaurant zu treffen, dann gibt es immer noch einige Tricks, nicht das hart verdiente Geld in den Rachen gieriger Gastroprofis zu werfen.

Tipp Nr. 186: Winken Sie keine Musikanten herbei, die Ihnen im Lokal mit Geigengefiedel die Ohren volldudeln!

Es ist in teuren Lokalen üblich, sich musikalisch berieseln zu lassen. Das kann manchmal im romantischen Geplänkel einen gewissen Reiz darstellen, überreizt allerdings rasch die Nerven und vor allem den Geldbeutel.

Tipp Nr. 187: Bestellen Sie sich im Restaurant immer die billigste Speise!

Sie macht genauso satt wie die teure Alternative und kostet Sie viel weniger Geld. Mein guter Freund, Bestseller-Autor Viktor Farkas bestellte sich meist Pizza Margherita - belegt mit Tomaten und Mozzarella - eine einfache, sehr schmackhafte und sättigende Speise um einen vernünftigen Preis. Das Preis-Leistungs-Verhältnis stimmte genauso wie das Ess-Sättigungs-Verhältnis, meinte er. Der gute Viktor ließ sich auch von seinen zahlreichen Freunden nie überreden, über die Stränge zu schlagen. Wenn sie ihn - in Kenntnis seiner Bucherfolge - bedrängten, sich doch eine teurere Speise zu gönnen, ließ er sich einfach nicht beirren in seinem Vorsatz, sein Geld nicht für flüchtige Delikatessen zu verschwenden und verließ das Lokal stets mit einem Gefühl der inneren Zufriedenheit. Nicht nur sein Magen zeigte sich erfüllt, sondern auch seine sensible Seele. Denn Viktor wusste genau, dass er es sich zwar leisten konnte, sich den Bauch mit überteuerten Gerichten vollzuschlagen, doch das hätte einen schalen Nachgeschmack bei ihm hinterlassen. Spätestens, wenn er beim Bezahlen sein Portemonnaie zückte. Das lernte ich von ihm:

Tipp Nr. 188: Laden Sie niemanden in ein teures Restaurant ein!

Diesen Fehler habe ich nur einmal gemacht:

Anno 2012 - wo Untergangspropheten das baldige Ende unserer Zivilisation verkündeten - lud ich eine vermeintlich gute Freundin in ein gutbürgerliches Restaurant ein. Der Vorschlag, dort einzukehren, stammte natürlich von ihr. Mir gefiel, dass man dort auch ein Tagesmenü um 8,90 Euro anbot - Suppe & Hauptspeise. So bestellte ich mir also die Linsensuppe, Linsen mit Knödel und ein Mineral. Die vermeintlich gute Freundin erkundigte sich zwar, ob sie sich etwas Teureres bestellen dürfe, nachdem ich das

Tagesmenü gewählt hatte, doch rechnete ich nicht mir ihrer bodenlosen Unverschämtheit. Nach meiner Zusage orderte sie beim freundlich lächelnden Kellner den Norwegischen Lachs mit Fenchel-Espuma und Prinzesskartoffeln, welcher ganze 25 Euro (!) kostete. Zuvor dachte ich in einem Anfall von Naivität eigentlich, sie wählt das Wiener Schnitzel vom Kalb, das mit 12,90 Euro auch nicht billig gewesen wäre, aber nein! Und der geschmalzene Preis des Fisches aus dem hohen Norden, welchen ich mit Entsetzen auf der reich verzierten Speisekarte erspähte, kugelte mir beinahe die entzündeten Augen aus den Höhlen. Ich hatte ja gar überhaupt nicht soviel Geld dabei und musste kurzerhand heim eilen, um die nötigen, fehlenden 20 Euro zu holen! Diese kleine - sehr teure - Episode zeigte mir auch ihren wahren Charakter. So gesehen hatte ich Lehrgeld bezahlen müssen!

Ich selbst habe bei Einladungen niemals gewagt, mir das Teuerste auf der Speisekarte servieren zu lassen. Vor allem auch, weil mir Luxusdinners wie Schnecken, Trüffel & Co. gar nicht munden. Von Austern, die mir von einem guten und auch sehr vermögenden Freund einst regelrecht aufgedrängt worden waren, bekam ich eine Vergiftung und nahm in einer Woche ganze fünf Kilo ab. Jeder wird sich denken können auf welch unappetitliche Weise...

Nun zu den Getränken, die in Restaurants angeboten werden und die Speisekarte in großer Zahl bereichern.

Tipp Nr. 189: Bestellen Sie im Restaurant nie eine Flasche Wein!

Eine Flasche Wein ist viel teurer als ein Glas davon. Vor allem, wenn gleich gewichtig ein sogenannter Sommelier herbei eilt und Sie umfangreich über Hanglage, Farbenspiel und Abgang des Qualitätsweines belehren will. Dann teilen Sie ihm am besten mit, dass er persönlich schnell einen flotten Abgang machen soll!

Tipp Nr. 190: Bestellen Sie sich im Restaurant nur ein Getränk, das Sie mit mitgebrachtem Wasser oder Wein heimlich strecken können!

Also einfach nur ein Viertel Wein bestellen, vom Glas nippen und - wenn gerade keiner guckt - mit Wasser aus dem mitgebrachten Flachmann (geerbt vom Onkel oder auch eine Plastikflasche) auffüllen. So wird Ihr Glas nie leer und Sie brauchen die Frage des Kellners nach einem weiteren nicht befürchten, wenn Sie vor einem leeren Glas dasitzen. Es geht natürlich auch umgekehrt: Sie bestellen sich ein Glas Mineralwasser und füllen es unauffällig mit dem mitgebrachten Weißwein aus dem Flachmann, den Sie entweder als Frau in der Handtasche oder als Mann in der Innenseite Ihres Sakkos bei sich tragen, und erhalten einen Gespritzten. Mit der Zeit bekommen Sie Übung und es fällt nicht auf, vor allem, da die meisten Leute ohnehin ihre Aufmerksamkeit auf die anderen Gäste lenken. Wenn sie das nicht tun, liegt es an Ihnen, die Aufmerksamkeit Ihrer Tischnachbarn auf etwas anderes zu lenken, sodass Sie ungesehen Ihr Glas auffüllen können. Vor allem in übervollen Lokalen ist das eine sehr leichte Übung, da finden Sie immer jemanden, der sich z. B. einmal daneben benimmt, zu grell und unpassend gekleidet ist, oder auch jemand, der jemanden aus dem Bekanntenkreis ähnlich sieht. Hier einige Beispielsätze:

"Also der Mann dort drüben am Fenster, der sieht doch aus wie unser Hausmeister, der Herrr Kratochwill!"

Oder: "Jetzt seht euch doch mal die Familie dort hinten an. Die haben schon wieder die Kinder Bier trinken lassen."

Oder: "Unglaublich wie sich manche Frauen aufdonnern. Dort hinten, die Blonde sieht ja aus wie vom Straßenstrich!"

Werden Sie doch einmal beim Nachfüllen ertappt, dann behaupten Sie einfach, es handle sich um einen vom Arzt verschriebenen Eisenwein, da Sie sich in letzter Zeit so müde und abgeschlagen fühlten!

Möbel müssen nicht teuer sein

Jeder möchte sich sein Zuhause so gemütlich wie möglich einrichten. Doch man muss sich dazu gar nicht neu einrichten.

Tipp Nr. 191: Bringen Sie alte Möbel auf Vordermann!

Mit wenig Farbe lässt sich aus einem alten Kasten oder einer zerkratzten Kommode ein echter Hingucker machen. Aus Polstermöbel können Sie dank neuer Überzüge neue Sitzlandschaften herstellen. Manchmal reichen sogar eine neue Decke oder selbst genähte Pölsterhüllen aus bunten Stoffresten zum Aufpeppen einer langweilig gewordenen Couch.

Tipp Nr. 192: Bauen Sie aus Pappkartons nützliche Regale.

Lassen Sie einfach Ihre Kreativität spielen. Aus alten Kartons, die Sie einfach mit Dekofix Klebefolie, die es in unterschiedlichen Designs für jeden Geschmack gibt, bespannen, lässt sich leicht ein Bücherregal basteln. Dazu können Sie auch Glasflaschen mit Sand füllen und sie zu Stützpfeilern formen.

Apropos Bücher: Mein Freund Andrew besitzt das Geschick, sich aus Büchern, die er nicht mehr liest, aparte Hocker und Tische zu basteln.

Tipp Nr. 193: Stapeln Sie alte oder unnötige Bücher einfach zu einem Turm und legen Sie einen Polster oder eine Holz- bzw. Glasplatte drauf! Schon ist eine kreative Sitzgruppe fertig für Ihr Gesäß und Ihre Beine.

Tipp Nr. 194: Nutzen Sie Ihr Netzwerk, um zu gratis Möbeln zu kommen!

Nicht immer ist eine Bastelarbeit oder ein Kauf nötig, um zu Möbelstücken zu kommen. Meine Oma verbreitete einst in ihrem Bekanntenkreis und unter den Nachbarn, dass sie dringend ein Bett braucht. Und schon am nächsten Tag konnte ihr eine Nachbarin gratis ein Bett zur Verfügung stellen, welches ihre Nichte nicht mehr benötigte.

Tipp Nr. 195: Versuchen Sie Ihr Heim selbst zu renovieren!

Sie müssen nicht gleich den Maler kommen lassen, um auszumalen oder Türen zu streichen. Do it yourself! Heutzutage gibt es sogar Fliesenfarbe für das Badezimmer, sodass Sie weder neue Fliesen kaufen müssen, noch einen Handwerker, der ohnehin viel zu viel Geld für seine Arbeitsstunde plus Wegzeit verrechnet, kommen zu lassen. Ich kannte Handwerker, die sich nur Mühe gaben, wenn sie die Rechnung aufstellten und im Zeitlupentempo herum werkten.

Tipp Nr. 196: Nehmen Sie Ratschläge von Profis an!

Wenn Sie sich einmal nicht sicher sind, dann gehen Sie in ein Möbelgeschäft oder eine Tischlerei und erkundigen sich ganz unverbindlich, wie Sie eine Renovierung vorerst günstig schaffen können, bis Sie genügend Geld für eine Neuanschaffung haben, die Sie dann bei demjenigen, den Sie konsultieren, vorzunehmen versprechen. Verkäufer oder Handwerker selbst werden dann mit ihrem Wissen protzen und Ihnen empfehlen, welche Farbe oder welches Werkzeug Sie nutzen müssen, um zur Not Ihr Heim eine Zeitlang verschönern zu können.

Tipp Nr. 197: Versuchen Sie eine Reparatur, ehe Sie eine Neuanschaffung tätigen!

Vor einigen Jahren krachte meine Kleiderstange aus Plastik im Kasten unter der Last meiner Kleidung zusammen. Die Plastikstange des billigen Kastens war am Rand einfach abgebrochen. Viele hätten sich sogleich einen neuen Kasten gekauft, ja sogar einen Kleinkredit dafür aufgenommen, doch ich natürlich nicht. HAHA!

Mit nur drei langen Schrauben links und rechts konnte ich die Stange wieder einsatzfähig machen. Ich drehte einfach dort, wo sie abgebrochen war, die Schrauben hinein und legte sie drauf, wobei ich die Bruchstelle noch mit Dekofix Klebefolie in der Farbe des Kastens (für 2,50 Euro) verzierte. Fertig! So sparte ich den Preis eines zweiteiligen Kastens, der in einem Möbelhaus zwischen 99 und 299 Euro kostete, die ich damals übrigens gar nicht zur Verfügung hatte.

Tipp Nr. 198: Wenn Sie Möbel bar zahlen, versuchen Sie immer Kassenskonto herauszuschlagen.

Sprechen Sie mit dem Verkäufer, wenn er Ihnen die Vorzüge des neuen Möbelstückes schildert. Erzählen Sie ihm von Ihren prekären Verhältnissen und fragen dabei wie nebenbei, ob ein Kassenskonto bei Barzahlung möglich ist. Die Konkurrenz ist so groß, dass er Ihnen diesen bis zu einer Höhe von 3 % des Kaufpreises gewähren wird. Da gibt es den alten Spruch: Wer das Maul nicht aufmacht, der muss den (Geld-)Sack aufmachen!

Medizin macht munter

Gesundheit ist unser höchstes Gut, daran sollte man nicht sparen. Doch bevor es überhaupt zu einer Krankheit kommt, hat Mutter Natur schon jede Menge wirkungsvoller Pflanzen (von einigen Unkundigen auch Unkraut geschimpft) in Petto.

Tipp Nr. 199: Kaufen Sie keine Psychopharmaka aus dem Internet.

Im Internet wird immer wieder ein neues Wundermittel angepriesen, das verspricht, Sie in die höchsten Höhen zu lüpfen. In Wahrheit entspringt es nur einem Mix aus allen möglichen Kräutern, die clevere Geschäftsleute mit den üblichen chemischen Mittelchen angereichert haben, die Sie in Abhängigkeit davon bringen sollen. Setzen Sie doch stattdessen auf die sanfte Wirkung einer Kraft, die ihren Ursprung in der Schöpfung birgt, welche uns die Welt der Natur faktisch zu Füßen legte.

Tipp Nr. 200: Kaufen Sie keinen hochpreisigen Tee aus Reformhäusern, den Sie sich selbst pflücken können.

Zur Erleichterung der alljährlich auftretenden Frühjahrsmüdigkeit eignet sich vor allem ein Tee aus Gänseblümchen (Bellis perennis). Alles, was Sie tun müssen, ist in die Natur hinauszugehen - da, wo sie noch am wenigsten verpestet und am ursprünglichsten ist - und von einer Wiese die häufig vorkommenden kleinen, unschuldig aussehenden Blümchen abzupflücken. Selbst in dicht verbauten Städten treffen Sie in versteckten Hinterhöfen leicht auf saftigen grünen Rasenflächen die liebenswerten Korbblütler, deren Inhaltssubstanzen, wie Bitter- und Gerbstoffe, Flavonoide, Saponine und sogar Inulin Ihre Frühjahrsmüdigkeit wegzaubern. (Daraus können Sie sich auch einen schmackhaften Salat zubereiten oder ein Butterbrot mit den Blüten bestücken. Schon die Jagd danach in freier Wildbahn wird für Sie zur Erbauung werden.) Für einen sehr wirkungsvollen Tee reinigen Sie Blüten samt Blätter unter kaltem Fließwasser, übergießen die Menge eines vollen Esslöffels mit einem Viertel kochenden Wasser und lassen den Sud 15 Minuten ziehen. Danach abgießen und bei angenehmer Temperatur schluckweise morgens und abends trinken. Das regt die Tätigkeit von Leber und Gallendrüse an, wirkt erhellend aufs Gemüt und sorgt für einen wahren Energieschub. Und das beste daran ist: es ist vollkommen gratis! Selbstversuch geglückt, ich wusste gar nicht wohin mit meiner neu gewonnenen Energie. Ein Teil davon floss auch in dieses nützliche Buch.

Insektenvertilgung ist easy

Es gibt Vollblut-Tierfreunde, die eine Stechmücke, welche sich in ihre Wohnung zwecks Blutabnahme geschlichen hat, mit einem Glas einfangen und wieder in die Freiheit entlassen. Nach dem abgewandelten Motto: Heiliger St. Florian, verschon mein Blut und zapf den Nachbarn an! Zur Bekämpfung solch lästiger Blutsauger kaufte ich Insektenspray, ehe ich von einer Großtante einen wertvollen, in Vergessenheit geratenen Tipp bekam:

Tipp Nr. 201: Kein chemisches Insektenvertilgungsmittel kaufen!

Anstatt teurer Insektensprays oder Gelsenstecker tut es auch ein (gezeichneter) Marienkäfer (Durchmesser 1,5 - 3 cm). Mit rotem Rücken und schwarzen Punkten darauf auf das Fensterbrett legen und schon erkennen ihn die Mücken als Feind, der auf dem Fensterbrett auf der Lauer liegt, und werden nicht durch das offene Fenster fliegen. Unglaublich, aber wahr. Gelsen mögen auch den Duft von Geranien nicht, daher können Sie, wenn Sie Topfpflanzen lieben, solche aufs Fensterbrett oder den Balkon stellen.

Tipp Nr. 202: Keine Mottenkugeln kaufen!

Gegen Motten hilft eine frische Zeitung in den Schrank auszubreiten! Die Motten mögen nämlich den Geruch von Druckerschwärze nicht.

Tipp Nr. 203: Kein DDT kaufen!

Die Ameisen und andere Insekten sind gegen DDT längst immun geworden. Es eignet sich höchstens zu einer Straftat, zu der ich Sie natürlich nicht ermuntern werde.

Zeitungen for free

Beim Lesen einer normalen Tageszeitung erspart man sich schon einen Krimi oder einen Kabarettbesuch! Aber dafür muss man nicht zahlen.

Tipp Nr. 204: Kaufen Sie keine Zeitung!

Ich gebe schon seit Jahren kein Geld für Zeitungen aus, deren Verleger enorme Presseförderung kassieren, sondern lese sie entweder gratis in der Bibliothek oder fische sie aus der Papiertonne. Natürlich gibt es Zeitgenossen, die ihre gelesene Zeitung zerreißen, weil sie der Meinung sind: Ich hab für die Zeitung bezahlt, also darf meine Zeitung kein anderer gratis lesen. Solche Asoziale sind zum Glück sehr selten. Ich fand noch immer die Zeitung, die ich suchte, in der Papiertonne, dazu noch Lottoquittungen, auf denen ein Dreier übersehen wurde. Entweder, weil der Spieler kurzsichtig war oder ihm der Gewinn zu gering! Daran sieht man wieder, wie unachtsam und überheblich manche Leute sind.

Tipp Nr. 205: Lesen Sie sich die Zeitung genau durch!

Entweder auf wichtige Hinweise zu Rabattaktionen, Sonderangeboten, Flohmärkte oder in den Inseraten auf Wohnungsauflösungen, bei denen die Leute froh sind, wenn sie ihre Wohnung leerkriegen. Dabei kann man einiges abstauben, wenn man flexibel genug ist.

Tipp Nr. 206: Lesen Sie die Zeitung einfach online!

Früher wickelte man nach dem Lesen der Zeitung Fisch darin ein, doch das ist heute schon aus der Mode gekommen. Beim Blackout ist eine Zeitung aus Papier nützlich, doch soweit sind wir ja noch nicht. Also nützen Sie die Online-Seite der bekannten Zeitungen und informieren sich dort über Neuigkeiten aus der großen Welt.

Energiespar-Tipps

Tipp Nr. 207: Wenn Sie einen Raum verlassen, dann schalten Sie immer das Licht aus!

Lassen Sie das Licht nur dort brennen, wo Sie sich auch aufhalten. Es ist zwecklos und verschwenderisch, wenn Sie in der ganzen Wohnung das Licht eingeschaltet lassen.

Tipp Nr. 208: Geschirrspüler sowie Waschmaschine sollten Sie nur vollbeladen in Betrieb nehmen!

Es ist schade um den Strom und das Wasser, wenn Sie nur zwei Tassen und zwei Gabeln spülen, oder wenn Sie nur eine Bluse und die Unterwäsche in der Maschine waschen. Bei Seidenblusen und andern empfindlichen Wäschestücken empfiehlt sich ohnehin nur Handwäsche. Wenn es Ihnen möglich ist, eine Münz-Wäscherei aufzusuchen, dann sollten Sie überhaupt keine eigene Waschmaschine anschaffen - die meisten gehen viel zu schnell kaputt (Obsoleszenz).

Tipp Nr. 209: Trocknen Sie wenn möglich Ihre nasse Wäsche an der frischen Luft!

Der Wäschetrockner ist ein Energievampir. Verwenden Sie ihn daher nur selten und beladen Sie ihn voll, wenn Ihnen eine Lufttrocknung nicht möglich ist.

Tipp Nr. 210: Bügeln Sie Bettwäsche nicht!

Das Bügeln von Bettwäsche ist reine Zeit- und Energieverschwendung. Man liegt einmal drinnen und die Mühe ist umsonst gewesen. Einfach nach dem Trocknen zusammenlegen und glattstreifen, fertig - schon Arbeit & Energiekosten gespart!

Tipp Nr. 211: Ins Tiefkühlfach Bücher legen, falls es nicht ganz voll ist.

Haben Sie Ihr Tiefkühlfach nur zur Hälfte gefüllt, geben Sie einfach ein paar Bücher in die freie Hälfte. Das verdrängt die warme Luft und spart Energie.

Tipp Nr. 212: Senken Sie im Winter die Raumtemperatur!

Schon eine Senkung der Temperatur Ihrer Heizung um nur ein einziges Grad führt auf einen Schlag zu einer Energiekostenersparnis von rund sechs Prozent! Übrigens ist im Schlafzimmer eine Temperatur von 18 Grad ideal für einen erholsamen Schlaf.

Allgemeine Tipps

Wer den Cent nicht ehrt, ist den Euro nicht wert!

Tipp Nr. 213: Bücken Sie sich, wenn vor Ihnen ein Cent auf der Straße liegt! (Außer Sie leiden an Ischias) Das Geld liegt wahrlich auf der Straße und viele Leute sind einfach zu faul, es aufzuheben. Oder es ist ihnen peinlich, sich vor anderen darum zu bücken. Oder auch eine Krankheit verhindert diese einfache Übung. Auch Kleinvieh macht Mist. Diese alten Sprüche sind alle richtig. Sammeln Sie die Cents und geben Sie diese dann kleinweise bei Ihrem Einkauf aus, die Kassierin freut sich über Kleingeld, das sie dann als Wechselgeld brauchen kann.

Dann gibt es noch die lieben Verwandten, die glauben, dass Sie für deren Unterhalt aufkommen müssen. Damit meine ich nicht die eigenen Kinder. Nein Angeheiratete und Verschwägerte stehen auf einmal auf der Matte und wollen, dass man ihnen finanziell unter die Arme greift.

Tipp Nr. 214: Legen Sie sich eine fast leere zweite Geldbörse zu!

Mein Onkel Karl - Gott hab ihn selig - hatte zwei Geldbörsen. Eine, in welcher er sein Geld verwahrte und die er in der Innentasche seines Jacketts - also direkt am Herzen - trug. Und eine identische Börse, in welcher nach damaliger Währung nur einige Schillinge und Groschen befindlich waren. Letztere trug er in der hinteren Hosentasche - also direkt am Arsch - und zückte sie immer, wenn irgendein Verwandter ihn um Finanzhilfe bat. Dabei setzte er ein treuherziges Gesicht auf und sagte kläglich: "Ja, ich würde dir ja gern helfen, aber schau einmal, wie wenig ich nur noch im Börserl habe."

Und, was soll ich erzählen, es wirkte. Die Betteleien von Verwandten hörten abrupt auf und er wurde ab und an von einigen aus der Familie, die Mitleid mit ihm hatten, zum Essen eingeladen. Was er natürlich freudig annahm. Als Mitbringsel taten es für ihn auch einige Blumen, die er vom Friedhof stibitzt hatte. Ja, der Karl-Onkel, der war ein wahrer Lebenskünstler.

Tipp Nr. 215: Behaupten Sie gegenüber Bettel-Verwandten, Ihnen sei die Geldbörse gestohlen worden!

Das ist auch eine Möglichkeit, solche Geld-Vampire abzuwehren. Dabei müssten Sie natürlich ein begnadeter Schwindler sein, damit diese, meist cleveren Leute, die Sie ausnehmen wollen, Ihnen das auch abnehmen. Aber es reicht doch, wenn Sie daran denken, dass Sie von denen eigentlich auch bestohlen werden. Da können Sie gleich zetern: "Stell dir vor, man hat mir in der U-Bahn mein ganzes Geld gestohlen. Oh Gott, wie soll ich nur über die nächsten Tage bis zum Monatsende kommen?"

Tipp Nr. 216: Geben Sie Bettlern kein Geld!

Bettler machen es gewerbsmäßig, anderen Leuten das Geld aus der Tasche zu leiern. Mit einem falschen Sermon von kranken Kindern, nötigen Herzoperationen oder krebskranken Hunden wollen sie ihre Zuhörer weich klopfen. Eine Cousine von mir gab im Stephansdom einer Bettlerin einen Hunderter, worauf sich diese erdreistete, zu behaupten: "DAS IST ZUWENIG!"

Daran sieht man wieder einmal, was das für Leute sind. Nicht nur undankbar, sondern noch dummdreist und fordernd. In New York gibt es sogar im Börsenviertel von Manhattan einen Bettler, der sogar seine Spende von der Kreditkarte abbuchen lassen kann. Er hat sich doch schlauerweise das nötige Gerät dazu besorgt und kann von den Brokern sein Scherflein abzweigen, die sich noch dazu einbilden, ein gutes Werk getan zu haben.

Und vor drei Jahren sah ich in der Wiener Innenstadt einen barfüßigen Mann mit Teddybär, der scheinbar unter einem Tremor litt. Er zitterte und so konnte er Passanten Münzen und Scheine entlocken. Zwei Stunden später kam ich an der gleichen Stelle vorbei und erspähte den Teddybär-Mann völlig ruhig an einem Würstelstand ein Bier aus der Dose trinken - Mittagspause vom Tremor - köstlich!

Tipp Nr. 217: Bevorzugen Sie Barzahlung!

Nur Bares ist Wahres! Erstens müssen Sie für Kreditkarten eine beträchtliche Jahresgebühr berappen und zweitens haben Sie bei der Ausgabe von Scheinen und Münzen Ihre Finanzen viel besser im Blick. Eine abstrakte Zahlung per Karte verschleiert leider die Höhe der Ausgabe und Sie erschrecken oft, wenn Sie dann die Abrechnung in Händen halten.

Tipp Nr. 218: Kaufen Sie kein Kopierpapier!

Das Geld für normales A4-Papier oder für einen Notizblock können Sie sich ersparen, wenn Sie einfach in ein Copy-Center kurz vor

Ladenschluss gehen. Dort finden Sie im Papierkorb weggeworfene A4-Blätter, die kaum bedruckt sind. Die Rückseiten sind jedenfalls leer und eignen sich wunderbar für private Zwecke. (Wichtige Briefe zwecks Bewerbung sollten Sie natürlich schon auf noch jungfräulichem Papier schreiben) Für Ihre Notizen oder Einkaufslisten eignen sich die Blätter dort wunderbar.

Tipp Nr. 219: Kaufen Sie keine Blumen zur Dekoration!

Blumen sind ja sehr schön, um sich das traute Heim wohnlich zu gestalten, doch sie verwelken bald. Für mich sind Blumen nicht essbares Gemüse. Wenn Sie unbedingt die Natur nach Hause holen oder jemand eine Freude bereiten wollen, dann gehen Sie in den Park und pflücken sich dort einige. Nehmen Sie sich eine Schere mit - schnipp-schnapp - und schon kommt Freude auf. Vor allem über die in der Börse verbliebenen Moneten.

Tipp Nr. 220: Stellen Sie immer Preisvergleiche an!

Egal, worum es auch geht, informieren Sie sich vor einem Kauf oder Vertragsabschluss immer über die oft sehr unterschiedlichen Preise und Leistungen. Entweder direkt in den Geschäften für den alltäglichen Bedarf, bevor Sie den Einkauf tätigen, bei Banken über deren umfangreiche und verklausulierte

Konto-Modalitäten, bei diversen Versicherungsgesellschaften, bevor Sie dort eine Polizze abschließen, in Postwurfsendungen, die Sie nicht einfach achtlos wegwerfen sollten oder im Internet, wo Sie eine Homepage jeder Firma finden, die Sie einmal beauftragen wollen. Die Zeit, die Sie in die Suche nach dem günstigsten Angebot investieren, kommt dann in Form klingender Münze zu Ihnen angerollt.

Tipp Nr. 221: Vermeiden Sie Liefergebühren mittels Selbstabholung wo möglich!

Solange es Ihre Kräfte erlauben, sollten Sie sich noch selbst bemühen, Ihre Einkäufe nach Hause zu bringen. Bei Lebensmittellieferungen gibt es manchmal bei einem Mindestbestellwert Lieferung frei Haus und auch bei Möbelhäusern können Sie bei kluger Verhandlung eine Gratislieferung herausholen. Ansonsten sollten Sie sich nicht scheuen, Ihre Einkaufstasche selbst heimzutragen, wenn Sie noch rüstig genug sind, oder die Einkäufe in einem Trolly heimfahren. Das stärkt auch Ihre Muskel und verhindert vorzeitige Vergreisung - wer rastet, der rostet!

Tipp Nr. 222: Seien Sie immer freundlich!

Freundlichkeit kostet Sie nichts und macht auch Ihr Gegenüber freundlich. Außerdem fanden Ärzte bei einer Studie heraus, dass sich Freundlichkeit wohltuend auf die Gesundheit auswirkt. Bei Ärger wird nämlich das ungesunde Cortisol ausgeschüttet, das für den Körper Stress bedeutet und zuviel Stress schwächt nachweislich das Immunsystem und macht Sie krank! Und in Zeiten, in denen gute Manieren augenscheinlich aus der Mode geraten sind und der Knigge mit einem Knick verwechselt wird, gewinnen Sie mit Freundlichkeit alle Sympathien. Vor allem jene von alten, geplagten Menschen, welche selbst noch eine gute Erziehung genossen haben und leider oft missachtet und übersehen werden.

Tipp Nr. 223: Handeln Sie nie gegen Ihre eigene Überzeugung!

Das bringt absolut keine Erleichterung, wenn Sie - nur um andern zu gefallen - sich verbiegen und verstellen, das Spiel der andern mitspielen. Noch dazu, wenn es rein privat ist. Man kann darüber nachdenken, wenn ein Super-Job auf dem Spiel steht, doch auch dabei würde ich zur Vorsicht raten. Wenn Sie sich schon verbiegen müssen, um einen Job zu bekommen, wie sehr müssen Sie sich dann erst verbiegen, wenn Sie ihn ausüben und behalten wollen.

So, nun kommen wir zu einem andern, wichtigen Thema:

Tipp Nr. 224: Werfen Sie nichts Brauchbares weg, um mehr Platz zu haben!

Lassen Sie sich von selbsternannten Aufräum-Königinnen oder Motivations-Trainern nicht einreden, um in Ihre Seele Ordnung zu bekommen, müssten Sie Ihre Wohnung von allem Unnötigen räumen. Erstens gibt es wenig Unnötiges (außer solchen falschen Ratgebern). Alles kann im rechten Moment von großem Nutzen sein. Meine Oma beispielsweise besaß ein altes Bügeleisen, in das man noch glühende Kohlen einfüllen musste. Was soll ich sagen, es leistete uns zwar bei einem Stromausfall keine Hilfe, doch konnten wir es gewinnbringend auf ebay verkaufen! Es ziert seither den Garten einer Dame, die auf uralte Dinge steht. Sie hätte es auch weiterschenken können, denn irgendwer freut sich immer über derartige Antiquitäten, die schon längst durch Elektronik ersetzt worden sind. Und zweitens sind Sie in einer halb leeren Wohnung auch nicht glücklicher!

Nun zu Verbrauchsgegenständen:

Ich fand einmal in der Papiertonne acht Tapetenrollen, von denen sechs sogar noch original verpackt waren! Da muss man sich ja fragen, können die Leute nicht rechnen, dass sie zuviele Rollen gekauft haben. Denn ich nehme nicht an, dass ihnen der Verkäufer gleich acht Rollen als Dreingabe verehrt hat. Es ist auch doppelt blöd, wenn man sich schon verrechnet hat, solche Tapetenrollen wegzuwerden, da sie einem ja bei 'Reparaturarbeiten' der Tapete helfen können. Hat die Katze beispielsweise ihre Krallen auf der Tapete gewetzt oder der Hund seinen Pfotenabdruck hinterlassen oder das Kind seine Malfarben darauf ausprobiert, dann kann man ganz einfach mit den Resten der Tapete drübertapezieren!

Tipp Nr. 225: Kaufen Sie nichts Neues, solange das Alte noch funktioniert!

Unter dem Begriff der Obsoleszenz ist eine ganz gemeine Taktik zu verstehen: In einigen Produkten wird ein Teil von minderer Qualität eingebaut, der dessen Lebenszeit verkürzt. Oder ein Chip verhindert weiteren Gebrauch, wie bei Druckern. Da sitzt ein Chip auf der Leiterplatine, der die Druckvorgänge zählt. Nach nur 5.000 Drucken schaltet er das Gerät aus und Sie müssen sich ein neues kaufen! Das Prinzip funktioniert auch bei Autos, wo die Elektronik eine Reihe von Möglichkeiten bietet, den Wagen nicht alt werden zu lassen. Die Autoindustrie wird jetzt einen Berufskiller für mich dingen, wenn ich folgendes verrate:

Meine Cousine hat ihren noch funktionierenden, aber schon etwas ramponierten Peugeot verschenkt, um sich einen Neuwagen zu kaufen - ich nenne nicht das Fabrikat, um keine Klage zu riskieren. Jedenfalls schaltete die Elektronik den Motor mitten auf der Straße aus, doch der ÖAMTC konnte keinen Schaden finden. Nach nochmaliger derartiger Panne fuhr sie in die Werkstatt und erfuhr, dass eine Drosselklappe nicht exakt geschlossen hatte, was beim alten Wagen keinen Stopp ausgelöst hätte. Die Reparatur kostete 900 Euro, noch bevor sie 1.000 km auf dem Tacho hatte. Da weinte sie ihrem alten Peugeot nach.

Tipp Nr. 226: Lassen Sie sich von übereifrigen VerkäuferInnen oder Vertretern nichts einreden!

Oft passiert es, dass wir etwas kaufen wollen, es jedoch gerade nicht auf Lager ist, und der Verkäufer (oder die Verkäuferin) beginnt uns nun mit psychologischen Tricks zum Kauf einer Alternative zu animieren, die noch dazu teurer kommt. Oder die verkaufende Person versucht uns noch etwas dazu aufzudrängen. Wie bei einem Fast Food-Lokal, wo gefragt wird: "Darf es noch eine Apfeltasche sein?" Bei jedem Schuhkauf wurde mir noch irgendein Pflegespray zur speziellen Pflege oder Imprägnierung angeboten. Hätte ich alle gekauft, bräuchte ich schon einen zweiten Schuhschrank nur für diese Produkte. Daher empfehle ich Ihnen, solche Angebote immer abzulehnen, außer Sie benötigen wirklich einen Imprägnierspray für die neuen Lederschuhe, weil Sie keinen daheim haben.

Das gilt natürlich auch für Vertreter! Keine Haustürgeschäfte machen! Wenn einer an Ihre Tür bumpert, dann öffnen Sie nicht, sondern drohen gleich mit der Polizei! Mach ich auch immer so.

Tipp Nr. 227: Übernehmen Sie die Grabpflege der letzten Ruhestätte Ihrer Verwandten selbst und beauftragen nicht den Friedhof für viel Geld!

Die Friedhofsgärtnerei verlangt oft einen viel zu hohen Preis für die Pflege von Gräbern. Wenn Sie nicht die Zeit oder die Möglichkeit haben, das Grab persönlich zu pflegen, dann greifen Sie auf weiße Steine zurück, die sich auf jedem Grab sehr hübsch ausnehmen, und die Sie auf Kieswegen oder in Kleingärten sogar selbst gratis sammeln können. Für ein Grabstein-Etagere können Sie Blumen aus Plastik verwenden oder ebenfalls weiße Steine. Meine Cousine zahlte einem Wiener Friedhof eine Grabpflege-Jahresgebühr von 264 Euro und war mit der Leistung überhaupt nicht zufrieden. Dennoch wollte sie den Auftrag trotz meines Angebotes, diese Aufgabe kostenlosen zu übernehmen, nicht stornieren

- es war ihr schlichtweg zu peinlich! Das führt mich sogleich zum nächsten Tipp.

Tipp Nr. 228: Gewöhnen Sie sich das Gefühl der Peinlichkeit im Bezug auf Ihr hart verdientes Geld ab!

Es kann Ihnen gern peinlich sein, wenn Ihre Unterhose wegen eines zu losen Gummibundes bis zu den Knöcheln runterrutscht - so wie mir einmal - oder wenn Sie bei einem Begräbnis einen Lachanfall erleiden, aber verdrängen Sie das Gefühl der Peinlichkeit, sobald es um Ihr Geld geht. Scheuen Sie sich nicht, etwas zurückzusenden, etwas umzutauschen oder etwas gar nicht erst anzunehmen.

Tipp Nr. 229: Fragen Sie nach dem Preis und ob man ihn senken kann!

Manche Geschäfte preisen Ihre Ware in der Auslage nicht aus, damit man reinkommt und nach dem Preis fragt. Vielen ist es dann wirklich zu peinlich, ohne das Stück zu kaufen wieder hinauszugehen. WARUM? Sie haben Ihr Geld schließlich nicht im Lotto gewonnen oder von einem Goldesel im Keller hinausgeschissen bekommen, oder? Sagen Sie ruhig: "Aha, das muss ich mir noch überlegen. Danke für die Auskunft, auf Wiedersehen!" Oder, wenn Sie spaßig sein wollen, wie ich manchmal: "Oh, da bin ich aber schon etwas Teureres gewöhnt. Tschau!"

Oder Sie können die günstige Gelegenheit gleich zum Herunterhandeln nutzen, indem Sie sagen: "Der Preis scheint mir noch Luft nach unten zu haben."

Oder: "Kann man da preislich noch etwas machen?"

Oder: "Ist das die Verhandlungsbasis oder der Fixpreis?"

Oder: "Das gleiche Produkt sah ich bei Ihrer Konkurrenz aber günstiger, kommen Sie mir entgegen oder soll ich mich dorthin bemühen?"

Oder: "Ich beabsichtige, bei Ihnen Stammkunde zu werden, wenn ich dafür mit etwas pekuniärer Kulanz rechnen kann."

Tipp Nr. 230: Senden Sie Versandware bei Nichtgefallen unfrei zurück!

Desgleichen rate ich Ihnen, etwas, das Ihnen von einem Versandhaus daheim bei der Anprobe nicht gefällt, einfach sofort wieder unfrei zurückzusenden, anstatt es dann für irgendeinen Anlass ganz hinten im Schrank zu verstauen. Und wenn Sie etwas in einem Kaufhaus gekauft haben, das daheim nicht zu den übrigen Kleidungsstücken passt, tragen Sie es wieder zurück, nehmen einen Gutschein oder ein anderes Stück dafür mit. Ich habe einmal, nachdem ich mir eine Bluse kaufte, die günstige Gelegenheit genutzt, eine andere Bluse, die schon länger ungetragen in meinem Kleiderkasten dahindöste, loszuwerden: ich trennte einfach vorsichtig am Kragen das Etikett, an welchem das Preisschild noch hing, heraus und nähte es in die alte Bluse rein, trug sie anstatt der neuen zurück und erhielt einen Gutschein, den ich meiner Oma zum Geburtstag schenken konnte! Es war das Kaufhaus mit den zwei Buchstaben, Sie wissen schon.

Tipp Nr. 231: Frequentieren Sie Sozialmärkte!

In Sozialmärkten, die in jeder Stadt wie Pilze aus dem Boden sprießen, erhalten Sie außer Lebensmitteln oft auch nützliche Gebrauchsgegenstände und Kleidung. Es braucht Ihnen wirklich nicht peinlich sein, dort um wenig Geld einzukaufen, denn Sie sind sicher nicht allein dort. Es gab sogar einmal einen Fall bei uns in Wien, wo eine Dame im feinen SUV vorfuhr, um dann die Billigware abzuräumen - versicherte aber auf Nachfrage, dass ihr der Wagen gar nicht gehöre.

Zeitdiebe rechtzeitig vertreiben

Es klingt zwar abgedroschen, aber ZEIT IST GELD! Schon Napoleon bemerkte einst goldrichtig: Die schlimmsten Diebe sind jene, die uns die Zeit stehlen!

Tipp Nr. 232: Lassen Sie sich von niemand Ihre kostbare Zeit stehlen!

Wenn Ihnen jemand die Zeit stehlen will, geben Sie ihm keine Gelegenheit mehr dazu. Es sind nämlich oft stets die üblichen Verdächtigen, die sich bei uns einschleichen, um uns als Therapeuten zu missbrauchen. Ich selbst bin aufgrund meines Psychologiestudiums des öfteren von lieben Verwandten, Bekannten, Freunden und sogar Fremden, die mir im Zug oder sonstwo gegenüber saßen, als menschlicher Grabstein angeweint worden. Das einzige, was mir davon nützlich war, ist die Erkenntnis, mich besser rechtzeitig verabschiedet haben zu sollen.

Es hat auch keinen Sinn, irgendwelche Ausreden zu bemühen, denn dann kommen die lieben Bekannten ja irgendwann wieder zu Ihnen. Sagen Sie Ihnen einfach die Wahrheit:

"Tut mir leid, aber ich muss meine Zeit gewinnbringend anlegen und kann sie nicht von dir totschlagen lassen!"

Oder: "Bedauere, ich kann wirklich nicht kostenlos deinen Therapeuten spielen."

Oder: "Du scheinst mich mit jemand zu verwechseln, den deine selbst verursachten Probleme interessieren."

Oder: "Du glaubst hoffentlich nicht, dass ich mir jetzt wieder deine alte Leier anhöre, ich bin ihrer müde geworden!"

Oder: "Warum suchst du dir nicht professionelle Hilfe? Ich bin leider nicht in diesem Beruf tätig und kann dir gar nicht helfen."

Diese - manchmal etwas rüde - Ehrlichkeit befreit Sie von weiteren Diebstählen Ihrer wertvollen Lebenszeit durch für Sie unwichtige und auch nutzlose Personen. Im ärgsten Fall schaden solche toxischen Leute und sehr negativ eingestellten Energieräuber noch Ihrer seelischen Gesundheit, indem sie Ihnen ihre Depressionen verleihen.

Und dann können Sie sich selber einen Therapeuten suchen.

Tipp Nr. 233: Trennen Sie sich von toxischen Personen!

Diese Typen haben die unangenehme Attitüde, Sie Zeit und manchmal leider auch Geld zu kosten. Vor allem, wenn sie immer um den heißen Brei herumreden. Sie stöhnen Ihnen die Gehörgänge voll, um Sie mürbe zu machen, weil sie etwas von Ihnen wollen.

Tipp Nr. 234: Verlangen Sie einfach, dass Ihnen jemand sein Anliegen in einem Satz ohne lange Vorrede vorträgt!

Lange Vorreden ermüden und haben den Zweck, uns langsam auf das vorzubereiten, was dann knüppeldick auf uns zukommt - eine Bitte, die man nicht mehr abschlagen zu können glaubt. Und diese Bitten haben es oft in sich. Unterbrechen Sie den Dauerquatscher und fragen: "Was willst du eigentlich wirklich von mir?"

Dann werden die Leute auf einmal stumm, weil es eben so hart klingt, wenn sie sagen: "Ich brauch 100 Euro von dir!"

Oder: "Ich will, dass du mir einen Gefallen erweist."

Die Stille können Sie nutzen, sich gleich eine passende Ablehnung auszudenken. Je nach Persönlichkeit des Bittstellers können Sie dann abwägen, wie Sie ihm sein freches Anliegen wieder ausreden. Zum Beispiel:

"So kenne ich dich gar nicht. Ich hielt dich für einen Menschen, der sein Geld im Griff hat."

Oder: "Ich bin menschlich etwas enttäuscht von dir, weil ich dachte, du weißt um meine prekäre Finanzlage."

Oder: "Ich helfe wirklich gerne, daher sind meine Kapazitäten leider erschöpft. Such dir bitte jemand anders, der dir aus der (selbstverschuldeten) Bredouille hilft!"

Tipp Nr. 235: Wenn Sie schon ahnen, was der Bittsteller will, nehmen Sie ihm gleich den Wind aus den Segeln!

Unterbrechen Sie ruhig seinen Sermon: "Wenn das wieder darauf hinausläuft, dass ich dir helfen soll, dann sage ich dir fairerweise gleich, vergiss es und such dir einmal jemand anderen mit mehr Geld!"

Oder: "Stell dir vor, gestern hat mich XY um Geld angebettelt. Na, gutmütig wie ich bin, gab ich es ihm und jetzt bin ich völlig blank!"

Tipp Nr. 236: Wenn Ihnen jemand nicht sagt, was er will, weil er es offenbar selbst nicht weiß, dann verweisen Sie ihn auf einen andern Zeitpunkt.

Solchen lästigen Zeitdieben sagen Sie am besten: "Komm wieder zu mir, wenn dir klar ist, was du eigentlich von mir willst, ich muss jetzt dringend zu einem wichtigen (Arzt-)Termin."

Oder: "Komm wieder zu mir, wenn du weißt, was ich (schon wieder) für dich tun soll."

Oder: "Ich verstehe nicht, was du von mir willst, ich glaube, du solltest vorher ausgiebig darüber nachdenken. Dann fällt dir die Lösung vielleicht sogar selbst ein!"

Oder: "Lass dir von jemand helfen, der es besser weiß als du. Ich weiß es nämlich auch nicht!"

Oder: "Du solltest zum Fernsehen gehen, da gibt es ein Format, wo solchen Fällen wie dir geholfen wird."

Sprüche

Schon Niki Lauda, mein sparsamer, leider viel zu früh verstorbener Landsmann, sagte so richtig: *Ich habe nichts zu verschenken.* - Das ist ein Spruch, den Sie auch beherzigen sollten. Nichts gegen die üblichen Geschenke an speziellen Anlässen für Ihre Lieben, aber hüten Sie sich davor, jemanden etwas zu schenken, nur weil der so freundlich zu Ihnen ist, oder Sie gerade guter Laune sind.

Spare in der Zeit, dann hast du in der Not! - Ja, das kann ich nur bestätigen. Auch wenn die Bank mit Zinsen knausert, sollten Sie ein wenig beiseite tun für Notzeiten, die sich sicherlich einstellen werden.

Das Geld liegt auf der Straße! - Ja, weiter vorne im Buch ging ich ja bereits darauf ein, dass Sie sich nicht zu gut sein sollen, sich auch um einen einzigen Cent zu bücken. Manchmal liegen auch Dinge auf der Straße, die man zu Geld machen kann. Ich fand schon öfters Bücher neben Mülleimern, die ich auf dem Flohmarkt verhökern konnte.

Wer früh aufsteht, der frisst sich arm, wer lang schläft, hält sein Bett schön warm. Diese alte Volksweisheit zielt bei der Möglichkeit eines längeren Schlafes auf weniger Futter- und Heizkosten ab.

Borgen ist ein doppelt Pech, Geld ist futsch und Freund ist weg! - Ja, es stimmt, wer sein Geld verborgt, der hat nicht nur die Sorge, es wieder zurückzuerhalten, sondern auch noch den Undank des falschen Freundes zu fürchten. Wenn mich jemand nach Geld fragte, spürte ich immer gleich Unbehagen in mir aufsteigen. Das Leben hatte mir schon in frühester Jugend zu verstehen gegeben, nicht zu den Privilegierten zu gehören.

Undank ist der Welt Lohn! -

Tipp Nr. 237: Tun Sie nichts für lau, denn etwas, das jemand gratis erhält, das schätzt er nicht!

Etwas, das kostenlos zu haben ist, das ist nicht viel wert in den Augen der Mitmenschen, schon gar nicht in den Augen falscher Freunde, die Sie nur ausnutzen wollen! Daher stellen Sie Ihre Arbeitskraft niemals ohne Gegenleistung oder Geld zur Verfügung!

Tipp Nr. 238: Halten Sie sich nicht mit langen Ausreden auf, sondern sagen Sie, Sie hätten schon schlimme Erfahrung genug gemacht, oder seien zu krank zur Arbeit oder Sie wären ja nicht Mutter Teresa!

Manchmal fragen die Leute auch gar nicht direkt nach Hilfe, sondern sagen mit oft hilflos aussehenden Gesten in offen manipulativer Absicht: "Wenn ich nur wüsste, wer mir da helfen kann!"

Dann sagen Sie einfach: "Ja, ich weiß es leider auch nicht!" Oder: "Du wirst sicher jemand finden! ICH bin's leider nicht!" Oder stellen Sie sich einfach auf dem Ohr taub! Oder machen Sie es wie unsere Politiker: einfach Themenwechsel oder eine nicht gestellte Frage beantworten. Wie z.B.: "Beim Sozialmarkt gibt es ein Schwarzes Brett, da kannst du deine Arbeitskraft anbieten! Oder Crowdfunding betreiben!"

By the way - das könnten Sie auch tun, wenn Sie auf Social Media aktiv sind!

Wenn Ihnen der Umgang mit Ihrem Geld als zu kompliziert für einfache Lösungen erscheint, dann greifen Sie zu einem einfachen psychologischen Trick:

Tipp Nr. 239: Stellen Sie sich Ihr Geld einfach als eine Zahl vor, deren Wachsen und Vergehen ganz in IHRER Hand liegt!

Sie haben also - sagen wir - 400 Euro auf der hohen Kante und das Geld in Scheinen und Münzen in einem Sparstrumpf, aus dem Sie immer einen Schein oder eine Münze herausnehmen, wenn Sie etwas brauchen oder jemand Sie um etwas davon bittet. Stellen Sie sich also die Zahl 400 minus des Geldscheines vor   also 400 - 20 = 380! Das ist ja weniger als 400! Alles, was Sie tun müssen, ist, dafür zu sorgen, dass sich die Zahl 400 nicht verringert!

Tipp Nr. 240: Lassen Sie große Summen nicht daheim herumliegen!

Sie können das Geld zwar verstecken - 400 Euro in Hunderten mit einer Sicherheitsnadel ans obere Ende der Vorhänge heften oder im linken Eck Ihres Bettgestells unter der Matratze zusammenrollen -, doch ein Brand würde es zu Asche verwandeln, außerdem kommen Sie viel eher in Versuchung, das Geld auszugeben, wenn es sozusagen griffbereit hinter dem Bettgestell liegt. Aber, wenn Sie sich dazu auf die Bank bemühen müssen, dann überlegen Sie es sich und sind dann froh, es dem schnellen Griff Ihrer Hände - oder jener eines Bittstellers - entzogen zu haben.

Tipp Nr. 241: Bilden Sie sich bei Vorlesungen an der Wirtschaftsuniversität über Geld weiter!

Im Internet finden Sie das Vorlesungsverzeichnis und können als Gasthörer an interessanten Vorträgen von Professoren teilnehmen, deren Rat Ihnen nützlich sein kann. (In Österreich veranstaltet auch die Wirtschaftskammer immer wieder solche Vorträge, manchmal sogar mit anschließendem Buffet)

Zum Glück können wir uns das Leben so gestalten, wie wir das für richtig halten - in einem gewissen Rahmen. Leider haben wir auf die Klugheit anderer Menschen nur einen geringen Einfluss, aber auf unsere Klugheit dafür einen sehr großen. Was hindert uns also, Tag für Tag ein wenig klüger zu werden! Und was hindert uns daran, zu erkennen welch schlechten Einfluss falsche Freunde auf uns haben. Da sollte man kein Mitleid zeigen und sich auf das Wesentliche besinnen: seine eigene psychohygienische Gesundheit!

Glücksspiele möglichst meiden

Spielen ist etwas für Kinder!
Tipp Nr. 242: Spielen Sie nicht um Ihr Geld!
Leider schlummert in jedem Erwachsenen jedoch noch immer das Kinder-ICH, welches zu oft kindischem Verhalten reizt. Und das Glücksspiel hat etwas Reizvolles an sich, es lässt uns für den Moment die harte Realität vergessen und verleitet uns zum Träumen, wenn wir mal gewinnen sollten, was sich oft jeder Spieler sehr fantasiereich ausmalt. Ich gewann einmal mit nur einem Euro Einsatz beim *Kleinen Lotto*, wo ich die Zahlen 4 und 20 Ambo setzte, 125 Euro. Mein Freudengeschrei musste wohl von allen Nachbarn in den umliegenden Wohnungen gehört worden sein! Dann begann ich nachzudenken, wie oft ich schon einen Euro gesetzt hatte und musste erkennen, dass die Summe ein Vielfaches meines Gewinns

betrug. Letztendlich gewinnt immer die Bank! In Österreich nennt man das Lottospiel auch *die Deppensteuer*!

Tipp Nr. 243: Fangen Sie erst gar nicht mit dem Spielen an!

Ja, Sie gewinnen jedesmal, wenn Sie nicht spielen, Ihren Einsatz, welchen Sie in ein Sparschwein stecken sollten. Am Jahresende werden Sie sich wundern, was darin an Barschaft für Sie bereitliegt.

Tipp Nr. 244: NIEMALS online spielen!

Sie können gern ab und an ein Brief- oder Rubbellos um ein oder zwei Euro erwerben und auf Ihr Glück hoffen, jedoch sollten Sie niemals online spielen, denn die Versuchung, immer weiterzuspielen ist einfach zu groß! Und die Lichter & Geräusche der Slots sind von gewieften Psychologen so eingestellt worden, dass sich das Gehirn daran rasch gewöhnt und süchtig machen lässt. Viele Spieler brauchten zur Entwöhnung professionelle Hilfe.

Tipp Nr. 245: Nehmen Sie nie an Hütchenspielen teil!

Die sogenannten Hütchenspieler, die ihnen drei Hütchen, Dosen oder sonstige Behältnisse vor die Nase halten und eine Kugel drunterlegen, die Sie dann nach einer flinken Tauschrunde finden müssen, sind absolute Profis, welche ihre Hände schneller bewegen können als Sie Ihre Augen. Es handelt sich um gut geschulte Betrüger, die nach der Devise leben: Jeden Tag steht ein Dummer auf!

Tipp Nr. 246: Wenn Sie etwas gewinnen, behalten Sie es für sich und erzählen Sie es NIEMAND!

Die Zahl der Lotto-Gewinner, die ihren Gewinn an die bucklige Verwandtschaft und falsche Freunde verloren haben, sind LEGION! Undank ist der Welt Lohn. Gibt man einem den kleinen Finger, dann will er die ganze Hand! Diese Uraltsprüche stimmen leider immer noch, denn die menschliche Natur hat sich seit den Neandertalern nicht geändert.

Vermeidungsverhalten

Nehmen Sie sich in einer ruhigen Stunde Zeit, über sich und Ihr Geldverhalten zu reflektieren. Sie sollten in der Zeit umgehend erkennen, was für Sie langfristig wichtig ist und was kurzfristig zu Ihrem Vorteil entschieden und gemacht werden muss.

Um zu Geld zu kommen, es also nicht leichtfertig auszugeben, nachdem Sie es sich meist hart verdient haben, sollten Sie sich einige Vermeidungsverhalten angewöhnen:

Tipp Nr. 247: Keine Genussmittel auf Dauer konsumieren! Sie können gern ab und an ein Glas Wein trinken, in Maßen ist er sogar gesund, doch sollten Sie niemals der Gewohnheit des täglichen Alkoholkonsums anheimfallen, denn die Suchtgefahr ist viel zu groß, um ihr dann ohne professioneller Hilfe einfach entkommen zu können!

Tipp Nr. 248: Niemals jemand Geld borgen!

Sie können gern in einem Ausnahmefall, einem wirklich wahren Freund einige Euro leihen, doch sollten sich hüten, Leuten mit Suchtverhalten oder ohne Gewissen Ihr gutes Geld einfach auszuhändigen. Denn Sie haben dann kaum Aussicht es jemals wieder zurückzubekommen! Nicht einmal, wenn Sie sich einen Schuldschein schreiben lassen! Denn wenn ein Schuldner den Offenbarungseid ablegt, oder in den Privatkonkurs geht, oder das Zeitliche segnet und einfach ohne Nachlass stirbt, dann sind Sie angeschmiert, um es mal ganz volkstümlich auszudrücken!

Tipp Nr. 249: Jede Neuanschaffung erst einmal überschlafen und/oder mit Ihrem (zuverlässigen) Partner besprechen!

Nur nichts überstürzen!

Es gibt spontane Menschen, die ganze Häuser kaufen, ohne lang zu fackeln, weil sie denken, es wird sich schon alles ausgehen. Manchmal haben sie Glück, andere Male landen sie in der Schuldenfalle. Tun Sie sich selbst einen Gefallen und lassen sich nicht von windigen Immobilien-Maklern in einen Kredit hetzen, weil das Traumhaus angeblich morgen schon an jemand andern verkauft werden kann. Das sind die üblichen Tricks, die solche Leute bei der Einschulung gleich am Anfang lernen.

Produktproben verlangen

Tipp Nr. 250: Rufen Sie Firmen an und fragen Sie nach Produktproben für sich und Ihre Familie.

Aufgrund großer Konkurrenz wird man Ihrem Wunsch entsprechen und Ihnen eine Warenpackung von den geforderten Lebensmitteln, Windeln, Kosmetika, etc. gratis zusenden.

Tipp Nr. 251: Beschweren Sie sich über ein Produkt bei der Firma - entweder telefonisch oder schriftlich.

Meist bekommen Sie nicht nur einen freundlichen Entschuldigungsbrief, sondern auch noch einen Gutschein für das Produkt, über welches Sie Beschwerde geführt haben, oder ein neues Produkt, welches die Firma noch bewerben muss.

Kulturgenuss kostenfrei

Was viele Kulturbegeisterte erfreut, kann sich mancher gar nicht mehr leisten. Egal ob Kino- oder Theaterbesuch, es geht beides ins Geld. Geld, das man sich lieber für Lebensnotwendiges sparen muss. Da gibt es natürlich auch einige Tricks, sich einen Kulturgenuss zu erschleichen.

Tipp Nr. 252: Kontaktieren Sie eine Laienspielgruppe.

Ich wollte vor Jahren einer Laienspieltruppe beitreten, kontaktierte die Prinzipalin gleich persönlich und erfuhr, dass ihr Ensemble leider bereits komplett sei. Aber - ev. aus schlechtem Gewissen - die gute Frau ermöglichte mir einen Gratisbesuch einer Vorstellung und gab mir danach auch eine Karte mit, mit welcher ich ein weiteres Mal einen Besuch einer Aufführung um den halben Preis bekam.

Tipp Nr. 253: Im Rathaus nach Führungen fragen!

In vielen Großstädten werden nicht nur für Touristen gratis Führungen veranstaltet, sondern auch für Einheimische. Ich besuchte in Wien eine Führung durch das Rathaus, wo es um die Leistungen der Frauen in der Politik ging. Es gab abschließend sogar noch einen kleinen Umtrunk.

Tipp Nr. 254: Gehen Sie ins Haus der EU!

In Wien und sicher auch in andern großen Städten gibt es Vertretungen der EU. Vor einigen Jahren besuchte ich das Haus der EU in Wien, 1. Bezirk, um mich über die großartigen Leistungen der EU zu informieren. Es gab nach einem einstündigen Vortrag in einem schönen Saal auch Kaffee und einige Bücher für die Zuhörer.

Tipp Nr. 255: Gehen Sie zu Lesungen der öffentlichen Büchereien!

Immer wieder gibt es Schriftsteller, die ihre Werke in der öffentlichen Bücherei oder auch einem Buchgeschäft bewerben, daraus vorlesen und dann für Käufer Autogramme & Widmungen schreiben. Sie müssen nichts kaufen, hören Sie zu, amüsieren sich und laben sich an dem Buffet. Infos darüber finden Sie direkt dort angeschlagen oder im Internet auf der jeweiligen Homepage.

Tipp Nr. 256: Nehmen Sie an Vernissagen teil!

Sie sind oft in Zeitungen oder im TV groß angekündigt und ebenfalls mit gratis Buffet ausgestattet.

Tipp Nr. 257: Gehen Sie nie zu einer Wahrsagerin!

Es ist verlockend, sich in dunkel erscheinender Zeit die Zukunft ein wenig heller malen zu lassen. Doch nicht minder gefährlich. Entweder die Wahrsagerin oder der

Wahrsager sind tatsächlich hellseherisch begabt und sagen Ihnen gute Zeiten voraus, dann freuen Sie sich zwar, doch geraten in Versuchung, einfach untätig darauf zu warten. Oder Sie bekommen den Tod eines Nahestehenden vorhergesagt, was Sie natürlich schreckt - bedenken Sie, dass in jeder Familie und jedem Freundeskreis Todesfälle zu beklagen sind. Betreffs des Zeitpunkts bleiben die Wahrsager immer vage (wenn Schnee liegt, wenn der Mars mit dem Pluto eine Konjunktion eingeht, wenn es sehr heiß ist, usw.) Wird Ihnen ein Unfall vorhergesagt, werden Sie das immer im Hinterkopf behalten und entweder übervorsichtig oder erst im Fall der self fulfilling prophecy unfallanfällig agieren. Und wenn der Wahrsager ein Betrüger ist, dann ist das Geld praktisch verschenkt! Schenken Sie sich solche Besuche oder gar Anrufe bei teuren TV-Hotlines oder Pseudo-Astrologen also. Sie erfahren dort nur das, was die psychologisch geschulten Moderatoren glauben, dass Sie hören wollen. Wie z. B.: "Sie gehen gerade durch eine schwere Phase Ihres Lebens, aber Sie werden es dank Ihrer inneren Kraft schaffen. In naher Zukunft sehe ich auch einen neuen Partner auf Sie zu kommen. Haben Sie Geduld, Ihre Arbeit wird sich wieder lohnen."

Das Geschwafel lohnt sich für Sie sicher nicht!

WICHTIGE WARNUNG!

Tipp Nr. 258: Bürgen Sie für NIEMAND (und nehmen Sie auch für sich selbst keinen Kredit auf)!

Ich kannte eine Arbeitskollegin, die für ihren leiblichen Bruder gebürgt hat, obwohl sie schlecht verdienende Mutter zweier Kinder war. Das hat sie bitter bereut. Plötzlich stand der Exekutor vor ihrer Türe und forderte sie auf, den Kredit ihres Bruders zurückzuzahlen, da dieser spurlos verschwunden sei (obwohl er immer pünktlich zu Familienfeiern erschien). Die Tränen liefen der gutmütigen Bürgin über die Wangen. Schade um jede Träne! Der Bruder erwies sich als ihres Vertrauens unwürdig! Allerdings hätte er auch in allen Ehren sterben können und sie wäre ebenso zur Kasse gebeten worden. Dann hätte die Arme gleich doppelten Grund zu weinen gehabt: erstens um den Bruder, zweitens um ihr Geld!

Eine Nachbarin vertraute mir einmal an, dass ihr Mann einen Kredit aufgenommen hat und wegen der gemeinsamen Kinder gar nicht wollte, dass sie für ihn bürgte, also schloss er eine entsprechende Ausfalls-Versicherung ab.

Raten Sie das auch demjenigen, der Sie um eine Bürgschaft bittet! Und wenn er noch so bettelt oder sie emotional erpressen sollte! Wer Sie emotional erpresst oder einen Liebesbeweis fordert, ist Ihre Liebe nicht wert! Besser ein Schrecken mit Ende als Schrecken ohne Ende!

Tipp Nr. 259: Spenden Sie Ihr Geld nicht an Verwandte oder Verschwägerte, schon gar nicht als Frau, die ohnehin weniger als ein Mann verdient.

Und auch als Mann müssen Sie bis 31.7. jeden Jahres für den Staat arbeiten, da wäre es doch ausgesprochen dumm, den kärglichen Rest des hart erarbeiteten Lohnes an andere zu verteilen. Denn Sie können rasch selbst in Not geraten und dann täte Ihnen um das Geld bitter leid! Von dem Rest, den Ihnen Vater Staat von Ihrem kargen Einkommen übriglässt, können Sie wirklich nicht andere Menschen durchfüttern, auch wenn Sie durch einen irren Zufall mit denen verwandt oder verschwägert sind. Das mag im ersten Augenblick hart, ja sogar zynisch und herzlos klingen, ist aber das reine Gebot der Vernunft und schützt Sie vor kommender Armut & Undank! Zu oft erweisen sich liebe Verwandte auf einmal nicht nur undankbar, sondern sogar noch fordernd! Je mehr man denen gibt, umso mehr fordern sie und verlassen sich auf

IHRE GÜTE! Bedenken Sie immer, dass Sie nicht Mutter Teresa sind!

Tipp Nr. 260: Nehmen Sie im Umgang mit Geld Ihre Emotionen heraus!

Denken Sie nicht an die Not anderer Menschen, die oft nur vorgespiegelt ist, sondern denken Sie an nüchterne Zahlen. Welche Geldsumme muss ich monatlich im äußersten Fall zurückzahlen, wenn ich für diese oder jene Person bürge? Kann ich mir das überhaupt leisten, ohne gleich selbst bankrott zu gehen oder zumindest stark eingeschränkt weiterleben zu müssen?

Wie lange muss ich wohl auf mein Geld warten, wenn ich dieser Person die von ihr gewünschte Summe borge? Ein paar Wochen, Monate, Jahre??? Krieg ich sie überhaupt jemals zurück?

Emotionen sind etwas für Begräbnisse oder Krankenhausbesuche, aber nichts für eine Bürgschaft oder eine Anleihe für Leute, die nicht genug Geld haben und über ihre Verhältnisse leben wollen, oder undurchsichtige Geschäfte beabsichtigen und einen Dummen suchen, der ihnen dabei die Räuberleiter macht!

Achtung!

Worauf Sie unbedingt aufpassen müssen, ist die Verlagerung Ihrer Bedürfnisse.

Tipp Nr. 261: Lassen Sie sich nicht in Versuchung führen!

Nehmen wir an, Sie haben bereits 100 Euro an Ausgaben für Lebensmittel gespart. Da könnten Sie nunmehr leicht in Versuchung geraten, das hart gesparte Kapital zur Belohnung in ein modisches Kleidungsstück zu investieren, oder vielmehr es einfach zu verplempern, weil Sie zufällig im Vorbeigehen ein schönes Stück Stoff so verführerisch und scheinbar günstig in der Auslage eines Modegeschäftes drapiert sehen. Oder Sie fallen auf das allgegenwärtige Reklame-Bombardement herein. Oder Sie reden sich ein, dieses Stück Mode einfach dringend zu brauchen, um von der Umwelt beachtet zu werden. Glauben Sie mir, ich kenne das zur genüge! Ich erspähte einmal eine wunderschöne Bluse mit Volants an der Brust, noch dazu in der herrschenden Modefarbe, also schlug ich zu und erwarb flugs ohne Nachdenken die außergewöhnliche Oberbekleidung supergünstig im Ausverkauf. Dann fiel mir ein, dass ich nun natürlich auch einen farblich passenden Rock dazu benötigte. Ebenfalls in der angesagten Modefarbe, die in der nächsten Saison nicht mehr gefragt sein würde. Dieser Kauf fiel dann nicht mehr so

günstig aus und reute mich nach einigen
Wochen sehr, wo ich das Geld für eine
dringende Anschaffung gebraucht hätte.

Kurzum: Es ist billiger, den ersten Wunsch
zu unterdrücken, als dem darauf folgenden
nächsten Wunsch und womöglich weiteren
Impulskäufen nachzugeben!

Tipp Nr. 262: Wenn möglich Impulskäufe
unterdrücken. Auch wenn sie noch so günstig
und brauchbar erscheinen mögen!

Es ist wohl richtig, dass manche Geschäfte
aufgrund der Räumung ihres Lagers fast
neumodische Artikel zu Spottpreisen in der
Auslage offerieren. Das reizt natürlich, sich so
ein Stück zuzulegen, obwohl man bereits
etwas Ähnliches daheim im Schrank liegen
hat, das man auch nur selten anziehen kann.
Z. B., weil man nicht jede Woche in die Oper
gehen kann oder der Opernball nur einmal im
Jahr stattfindet. Daher lassen Sie den Kauf
bleiben und das Geld auf Ihrem Konto.

Kunst oder Kommerz

Das Wort Kunst kommt angeblich vom
Wort Können. Doch nicht alles ist Kunst, was
vorgibt welche zu sein.

Tipp Nr. 263: Wenn Sie in Kunst
investieren wollen, ziehen Sie einen Fachmann
zurate!

Die großen Kunstwerke werden als solche fast nur von selbsternannten Kunstkritikern (auch Kunstmafia genannt) bestimmt. Oder von den Nachlassverwaltern toter, in großer Armut und Verwirrung verstorbenen Egomanen.

Vor Jahr und Tag bekam ich von meiner Anna-Tante zwei Bilder von Stadtansichten hinter Glas geschenkt. Und zwar zum Einzug in meine erste Wohnung. Unkundig eines Kunststudiums hielt ich sie für Aquarelle, vor allem, weil sie deutlich sichtbar signiert waren. Da hingen sie also 20 Jahre an der Wand und erfreuten mich und meine Gäste beim Blick darauf. Natürlich war ich sehr stolz auf die beiden schönen Bilder, ehe ich in Geldnot geriet und damit schnurstracks in den feinen ersten Bezirk ins Dorotheum - einer Wiener Pfandleihanstalt - pilgerte, um sie zu verkaufen oder an den Meistbieter versteigern zu lassen. (Übrigens muss man demjenigen, der sie wortgewaltig versteigert, in jedem Fall einen beträchtlichen Obolus bezahlen, was teuer kommt, wenn sich kein Bieter findet.)Die Angestellte wiegte bedeutungsschwanger den Kopf, legte ihn schief, schielte auf eins der Bilder und verkündete dann zu meinem Entsetzen: "Das ist ein Lichtdruck."

Der Lichtdruck ist zwar der teuerste Druck, jedoch für einen Verkauf wertlos. Sie können sich sicher meine maßlose Enttäuschung vorstellen, die mir quer über das dumme Gesicht geschrieben stand.

Tipp Nr. 264: Kaufen Sie keine Drucke, sondern nur echte Bilder, am besten vom noch lebenden, armen Künstler persönlich und achten Sie darauf, dass die Werke auch signiert sind!

Tipp Nr. 265: Nicht in falschen Schmuck investieren!

Bloß kein Katzengold kaufen, auch wenn es in hübsch anzusehende Armreifen, Halsketten oder Ringe verarbeitet ist. Es ist zum Wiederverkauf wertlos.

Es gibt auch kunstvolle Schmuckstücke, die wenig bis gar keinen Anteil an Edelmetall haben. So zum Beispiel Emailschmuck, der zwar hübsch anzusehen ist, aber praktisch null Wiederverkaufswert hat. Auch dazu kann ich Ihnen ein trauriges Beispiel aus eigener Erfahrung nennen: Ich bekam ein hübsches Duo aus Emailarmreif und dazu passenden Ring - von Kollegen zum Abschied geschenkt. Nach einigen Jahren versuchte ich es im Dorotheum zu Geld zu machen und wurde angesehen, als wäre ich der Irrenanstalt entsprungen. In der Auslage des Geschäftes der Emailschmuck-Manufaktur kosteten diese beiden Stücke ganze 500 Euro (!), doch hatten einen Materialwert von zirka 2,60 Euro, wie man mir bei meinem Verkaufsversuch erklärte. Da kam ich mir wieder einmal ziemlich dumm vor.

Tipp Nr. 266: Kaufen Sie also keinen Emailschmuck, auch wenn er schön aussieht.

Wenn Sie schon billigen Modeschmuck mögen, dann kaufen Sie ihn in einem Drogeriemarkt, denn anderswo ist er völlig überteuert und Sie können ihn im Notfall nicht mehr zu Geld machen. Bei Emailschmuck können Sie eventuell im Internet Glück haben und einen Liebhaber dafür finden. Allerdings hat man oft bei einem Notverkauf zu wenig Zeit, um auf ein entsprechendes Angebot zu warten.

Tipp Nr. 267: Legen Sie beim Schmuckkauf Ihr Geld in Gold- oder Silberschmuck (den Sie möglichst im Pfandhaus billiger als beim Juwelier erstehen) an.

Dafür gibt es immer einen Preis pro Gewicht, der allerdings nicht dem Preis entspricht, den Sie einst dafür bezahlt haben. Denn dieser Preis inkludiert ja die Arbeit des Juweliers, den Sie selten bei einem Wiederverkauf abgegolten bekommen. Außer Sie verkaufen an sehr gute Freunde, die Ihnen damit helfen wollen oder sich in das gute

Stück einfach wegen seiner Zierlichkeit verliebt haben.

Wenn Ihre Geldbörse Trauer trägt

Immer wieder trifft uns der Tod von Verwandten, die keine Vorsorge für ihr Begräbnis getroffen haben. Einerseits, weil die Barschaft einfach nicht dafür ausreichte, ja sogar zum Leben zu wenig war. Andererseits, weil manche Menschen keinen Wert auf Ahnenkult legen - ihnen ist schlichtweg egal, was mit ihrem Körper passiert, nachdem sie ihn nicht mehr benötigen und ihre Seele endlich frei ist.

Tipp Nr. 268: Veranlassen Sie für Verwandte ein Armenbegräbnis!

Ein solches geht auch mit Würde und Sorgfalt vor sich und ermöglicht Ihnen ein pietätvolles Abschiednehmen. Lassen Sie sich von den anderen Verwandten, Freunden oder gar unbeteiligten Nachbarn bloß nicht einreden, Sie müssten dem teuren Verblichenen ein teures Begräbnis ausrichten. Erklären Sie solchen Leuten, dass sich der Verstorbene ein einfaches Begräbnis wünschte - so einfach wie er gelebt hatte - und sich dem Luxus stets verweigert hatte! Schließlich hat weder der Tote noch Sie etwas davon, wenn der Bestatter um das Geld für die Beerdigung auf Weltreise fährt! Sie brauchen Ihr Geld nötiger als der liebe Verblichene.

Eine Pandemie als Sparmeister

Selten wurden Menschen so sparsam wie zu Zeiten der unsäglichen Pandemie. Was aber nicht weiter verwundert, denn ein Lockdown verhinderte ja alles, was Geld kostet: Kinobesuche, Theaterabende, Restaurantbesuche, Urlaube, Ausflüge und dergleichen mehr.

Natürlich blieb von dem ersparten Geld wenig übrig, da ja die Inflation das Meiste wieder wegfraß und manch einer schuldlos seine Arbeit oder sein Geschäft verlor. Doch es kommen wieder bessere Zeiten, die dann zum Rückfall in alte verschwenderische Gewohnheiten führen. Das muss nicht sein. Man braucht nicht die Nacht zum Tage machen, wie es so schön heißt, wenn man sich mit dem am Tag verdienten Geld emsig des nachts zwangsamüsiert.

Ja, all das Nachtleben macht zwar manchmal Spaß, doch kostet in Summe eine Stange Geld. Von den Folgen, wie etwa neue Kleidung für den abendlichen Ausgang oder Kuraufenthalte nach misslungenen Urlauben ganz zu schweigen. Lernen Sie daher, wie Sie sich unterhalten können, ohne gleich an Ihre Geldreserven gehen zu müssen. Es kann eine Wanderung auch ganz gratis erfolgen. Wenn Sie sich Ihren Proviant von daheim mitnehmen und daher nicht einkehren müssen. Oder wenn Sie sich einfach daheim den Film ansehen, der einige Wochen zuvor für viel Geld im Kino lief und noch dazu schlecht rezensiert wurde.

Vorletzter Tipp Nr. 269: Lassen Sie sich von nichts und niemand auf Ihrem - manchmal vielleicht steinigen - Weg zur Sparsamkeit beirren!

Es gibt da nämlich solche Zeitgenossen, wohlmeinende Freunde und bucklige Verwandte, die Ihnen allerlei Nonsens einreden wollen: "Man lebt nur einmal!" - Darauf sagen Sie einfach: "Ja, aber von was?" Kurzum, es lohnt sich am Ende des Jahres für Sie, wenn Sie zumindest einen Teil meiner Tipps umsetzen, trotz schiefer Blicke, blöder Kommentare und dem Neid der Besitzlosen, die ihr Geld sinnlos verjuxt und verludert haben!

Und nun - last, but not least - Tipp Nr. 270: Lassen Sie sich nicht entmutigen, wenn es mit dem Sparen nicht auf Anhieb klappt! Rom wurde auch nicht an einem Tag erbaut und steht immer noch.

Epilog

Am Anfang des Buches stand ja zur Debatte, wieviel von 400 Euro im Monat Sie sich ersparen können. Ohne lang herumzurechnen, kann ich Ihnen nun - am Ende des Buches mit all den elementaren Tipps - garantieren, dass es gut ein Drittel davon ist, sofern Sie viele meiner Tipps befolgt haben. Selbst, wenn Sie nur ein Viertel eingespart haben, so ergibt das eine Ersparnis von 100/Monat = 1.200/Jahr! Wenn es Ihnen darüber hinaus noch gelungen ist, einen Erblasser für sich zu begeistern, dann können Sie sich womöglich noch über ein Vermögen freuen, das demnächst auf Sie zufließt. Ich würde meinen, dass sich das Lesen für Sie also durchaus gelohnt hat! Das Buch sollte eigentlich Pflichtlektüre in allen Schulen werden.

Meine Belletristik-Bücher erfreuen ebenso preisgünstig:

Der Wahnsinn möglicherweise - Humorvoller Roman

Soziopathen sterben selten - Kurzgeschichten

Kurz & Krass - Kurzgeschichten

Aufruhr - Kurzgeschichten

Mörder machen Fehler - Rätselkrimis für Spürnasen

Kosmischer Kontakt - SF-Roman

Sohn oder: Orwellsche Odyssee - Jugendbuch

ZIVILFLUG ZUM ZEITRISS - SF-Roman

EXORAUM - SF-eBook

SWITCH - SF-eBook

EINFACH GRANDIOS - SF-Satire

Terrormond Titan - SF-Roman

Tödlicher Trabant - SF-eBook

Verbotene Gelüste - Erotischer SF-Roman

Sherlock Holmes im All - Pastiche

Ägyptens Fluch - Abenteuerroman

Haus mit Verstand - Roman über KI

TODESPUNKT - Kriminalroman

Agathas Geist ermittelt - Kriminalroman

Agathas Geist in Ägypten - Kriminalroman

Weihnachtsgift - eBook

Reisetagebücher - Quer durch Südamerika bis in die USA

S. Pomej hat aus Interesse an der menschlichen Natur Psychologie studiert und lässt die erlernten Störungen plus eigener Erfahrung mit kranken Zeitgenossen, die immer wieder unerwünscht auftauchen, in spannende Bücher und Kurzgeschichten sowie lustige Comics einfließen.

Website: pomej.blogspot.com

Herstellung und Verlag: BoD – Books on Demand, Norderstedt

ISBN: 9783756208418